物流单证实务

主 编／谢燕青 易君丽

副主编／李 妮 陈小明 谢静仪

参 编／（排名不分先后）

黄婉文 叶伟兰 林 美 邓 兰

罗梓宁 曾 珣

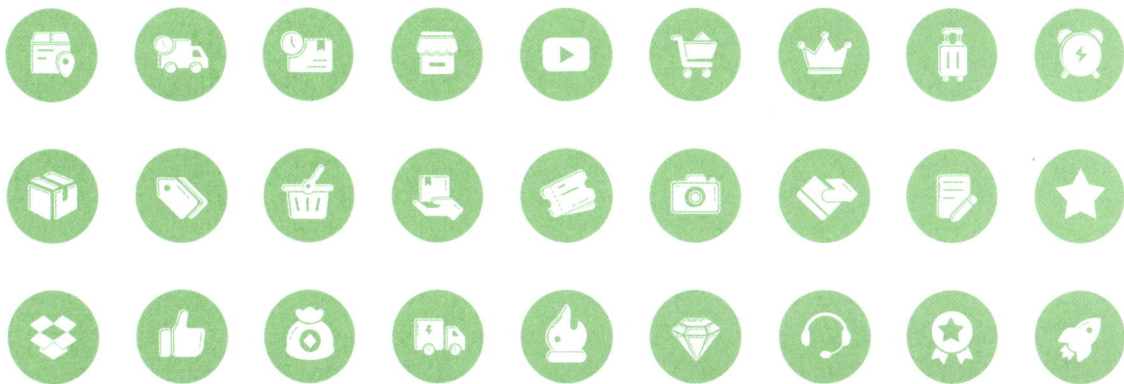

重庆大学出版社

内容提要

本书分为采购单证、仓储单证、运输单证及国际货运代理单证四大部分，旨在帮助物流专业学生更好地适应采购、仓储、运输、国际货运代理等工作领域的单证岗位要求，同时让学生通过本书了解物流相关职业、热爱本职岗位，形成良好的职业道德和职业意识。

本书以"学生为本"为原则，注重学生思政素养的形成，以采购、仓储、运输、国际货代理等相关工作任务为轴线设置项目，每个项目从中职生认知规律和学习特点出发，以"PSTA"教学模式为基础，分任务引导知识点学习，同时针对具体物流单证工作分岗位设计任务。

本书可作为职业院校的物流服务与管理专业、国际贸易专业等商贸相关专业学生的教材，也可作为现代物流服务业相关专业的辅助教材，还可作为企事业单位从事物流单证的人员的参考用书或物流爱好人士的读物。本书采用活页式教材形式，使用者可以根据使用需求灵活使用。

图书在版编目（CIP）数据

物流单证实务 / 谢燕青，易君丽主编. -- 重庆：
重庆大学出版社，2023.1
ISBN 978-7-5689-3788-7

Ⅰ.①物… Ⅱ.①谢… ②易… Ⅲ.①物流 – 原始凭
证 – 职业教育 – 教材 Ⅳ.①F252

中国国家版本馆CIP数据核字（2023）第045745号

物流单证实务
WULIU DANZHENG SHIWU
主　编　谢燕青　易君丽
副主编　李　妮　陈小明　谢静仪
策划编辑：王海琼
责任编辑：王海琼　　版式设计：王海琼
责任校对：邹　忌　责任印制：赵　晟
*
重庆大学出版社出版发行
出版人：饶帮华
社址：重庆市沙坪坝区大学城西路 21 号
邮编：401331
电话：（023）88617190　88617185（中小学）
传真：（023）88617186　88617166
网址：http://www.cqup.com.cn
邮箱：fxk@cqup.com.cn（营销中心）
全国新华书店经销
重庆紫石东南印务有限公司印刷
*
开本：787mm×1092mm　1/16　印张：10.5　字数：263 千
2023 年 1 月第 1 版　2023 年 1 月第 1 次印刷
印数：1—3000
ISBN 978-7-5689-3788-7　　定价：49.00元

编写人员名单

主　编	谢燕青	广州市番禺区职业技术学校
	易君丽	广州市番禺区职业技术学校
副主编	李　妮	广州市番禺区新造职业技术学校
	陈小明	珠海市第一中等职业学校
	谢静仪	广州市花都区职业技术学校
参　编	（排名不分先后）
	黄婉文	广州市交通运输职业学校
	叶伟兰	广州市番禺区职业技术学校
	林　美	广州市番禺区职业技术学校
	邓　兰	广州市财经商贸职业学校
	罗梓宁	珠海市第一中等职业学校
	曾　珣	中山市沙溪理工学校

物流既是经济发展的先行官，也是产业链、供应链稳定运行的基础。党的二十大报告明确提出，加快发展物联网，建设高效顺畅的流通体系，降低物流成本。在我国，物流业作为国家重点扶持的十大产业之一，已成为很多地区和城市新的经济增长点。物流业是融合采购业、仓储业、运输业、货代业和信息技术为一体的复合型服务产业。相关物流单证的正确流转与缮制是物流各活动的保障之一。

"物流单证实务"是中职学校物流专业的核心课程。本书是为了适应现代物流加速发展的需要而进行的探索与研究，分为采购单证、仓储单证、运输单证及国际货运代理单证四大部分，旨在帮助物流专业学生更好地适应采购、仓储、运输、国际货运代理等工作领域的单证岗位要求，同时让学生通过本书了解物流相关职业、热爱职业岗位，形成良好的职业道德和职业意识。广州市番禺区职业技术学校作为广东省高水平中职学校建设单位，深入推进高水平专业群新型活页式教材开发工作，组织编写了本教材。本教材是广州市中等职业学校精品课程"物流单证实务"建设项目的成果。本书由企业和学校教师共同开发完成，主要体现以下特点：

1.项目—任务形式结构

本书以"学生为本"的原则，以采购、仓储、运输、国际货运代理等相关工作任务为轴线设置项目，每个项目从中职学生认知规律和学习特点出发，分任务引导知识点学习，同时针对具体物流单证工作分岗位设计任务，每项任务包括【任务目标】、【任务描述】、【任务实施】和【巩固提高】四大部分。【任务实施】包括悟素养、练技能、学理论和促评价四个环节。各部分的内容循序渐进，指引学生完成任务，巩固所学知识。

2.职业素养递进式养成

本书在任务实施中设计了悟素养环节，让学生通过小事件/案例分析由浅入深地学习职业素养，体现职业素养"渗透—拔高—合———升华"的过程，学生可以在学习技能与理论的同时养成良好的职业素养。

3.采用PSTA教学模式设计教学过程

PSTA教学模式实质上是一种基于建构主义学习理论的任务导向教学模式。分为悟素养（P）、练技能（S）、学理论（T）和促评价（A）四个环节。悟素养：通过素养的渗透，让学生感受物流人的职责，知道在岗位工作中应有的工作态度。练技能：引入技能任务，帮助学生明确任务目标，采用合适的学习方法，习得实操技能，同时拔高素养。学理论：有了素养和技能的加持，此时进行理论知识的学习会更容易理解，实现理论、技能、素养三合一。促评价：从评价主体、评价内容和评价过程等多方面建立多元立体全过程评价体系，对学生进行综合评价，让学生对自己的学习情况有充分的了解，升华素养。

本书建议学时为72，具体学时分配如下：

项目名称		任务名称	建议学时
项目一　采购单证业务	任务一	填制请购单	2
	任务二	填制采购计划单	4
	任务三	填制询价单	2
	任务四	填制采购订单	2
项目二　仓储单证业务	任务一	填制入库单	2
	任务二	填制储位分配单	4
	任务三	填制移库单	4
	任务四	填制拣货单	2
	任务五	填制盘点单	2
	任务六	填制出库单	4
	任务七	填制退货申请单	2
项目三　运输单证业务	任务一	填制公路货物运单	4
	任务二	填制取派通知单	4
	任务三	填制公路运输计划单	4
	任务四	填制集货单	2
	任务五	填制货物运输交接单	4
项目四　国际货运代理单证业务	任务一	填制商业发票	2
	任务二	填制订舱委托书	4
	任务三	填制集装箱发放/设备交接单	4
	任务四	填制集装箱装箱单	2
	任务五	填制进口货物报关单	4
	任务六	填制出口货物报关单	4
	任务七	填制海运提单	4

　　本教材由谢燕青、易君丽担任主编，李妮、陈小明、谢静仪担任副主编。具体分工如下：陈小明编写项目一任务一和任务二；罗梓宁编写项目一任务三和任务四；李妮编写项目二任务二和任务六；曾珣编写项目二任务三和任务七；黄婉文编写项目二任务四和任务五；邓兰编写项目三任务一和任务二；叶伟兰编写项目三任务三和任务四；林美编写项目三任务五和项目四任务一；谢燕青编写项目四任务二和任务七，易君丽编写项目四任务三和任务四，她们共同编写项目二任务一；谢静仪编写项目四任务五和任务六。全书由谢燕青和易君丽进行审核和统稿。在全书的编写过程中众网（广州）信息科技有限公司给本书的编写给予了大力支持。

　　物流技术日益更新，教学模式也在不断探索中，由于编者水平有限，书中难免存在疏漏之处，恳请专家、同行和读者批评指正。

编　者

2022年11月

目录

项目4 国际货运代理单证业务

项目 1
采购单证业务

项目综述

采购，是指企业在一定的条件下，从供应市场获得产品或服务作为企业资源，以保证企业生产及经营活动正常开展的一种经济活动。采购作为物流活动的起点，涵盖了从供应商到需求方之间的货物、技术、信息、服务流动的全过程。货品的采购流程主要包括采购准备、采购决策、采购实施三个阶段。采购准备指在企业内部提出货品需求、审核采购申请、编制采购计划三个环节；采购决策包括选择供应商、与供应商询价议价、确定最终供应商三个环节；采购实施包括签订购销合同、货品接运或提运、费用结算三个环节。

采购单证是采购管理的重要工具之一，是伴随采购管理活动的进行而产生的。采购单证的正确填制与流转，不但可以为采购作业管理提供依据，还可以将单证作为采购作业效率与效益的控制节点，提高企业的盈利能力和市场竞争力，保障企业的生存和发展。

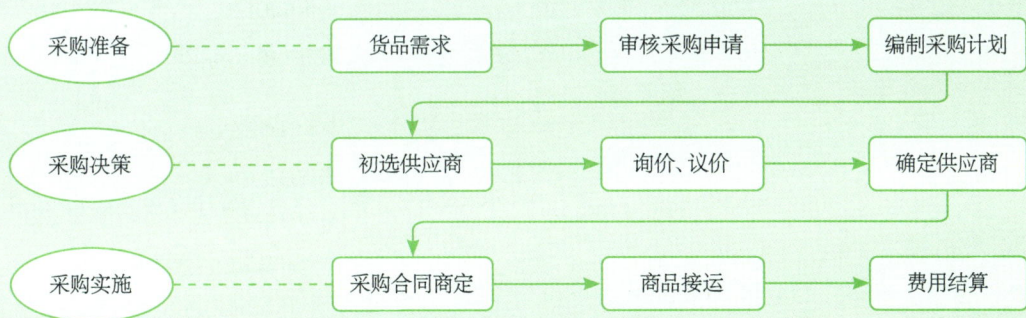

采购准备	---	货品需求	→	审核采购申请	→	编制采购计划
采购决策	---	初选供应商	→	询价、议价	→	确定供应商
采购实施	---	采购合同商定	→	商品接运	→	费用结算

采购作业流程图

项目目标

素养目标
◇逐渐培养爱岗敬业的品质和市场意识；
◇形成精益求精的品质与成本意识；
◇强化团队协作的品质与服务意识。

知识目标
◇熟悉采购相关岗位的工作职责；
◇了解采购单据的内涵与作用；
◇掌握采购相关单证的流转。

能力目标

◇会运用采购知识分析业务问题;

◇会规范填制采购相关单证;

◇能处理采购相关单证填制时的特殊情况。

▣ 项目思维导图

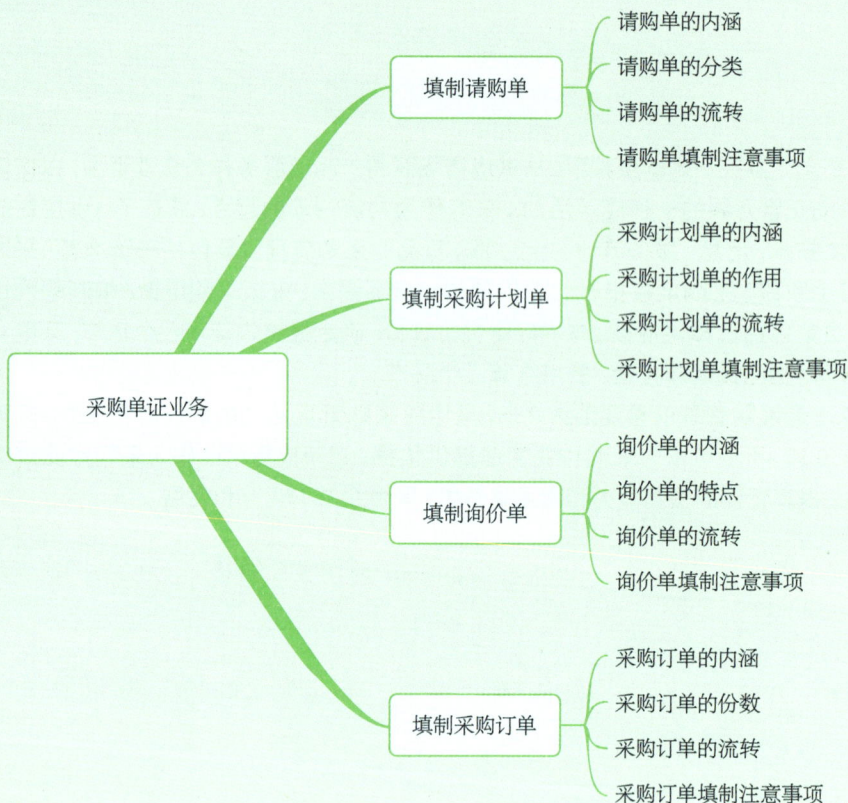

```
                                    ┌─ 请购单的内涵
                          ┌─填制请购单─┤─ 请购单的分类
                          │          ├─ 请购单的流转
                          │          └─ 请购单填制注意事项
                          │
                          │          ┌─ 采购计划单的内涵
                          │          ├─ 采购计划单的作用
                          ├─填制采购计划单─┤─ 采购计划单的流转
                          │          └─ 采购计划单填制注意事项
      采购单证业务─────────┤
                          │          ┌─ 询价单的内涵
                          │          ├─ 询价单的特点
                          ├─填制询价单─┤─ 询价单的流转
                          │          └─ 询价单填制注意事项
                          │
                          │          ┌─ 采购订单的内涵
                          │          ├─ 采购订单的份数
                          └─填制采购订单─┤─ 采购订单的流转
                                     └─ 采购订单填制注意事项
```

▣ 项目背景

展月电子商务有限公司(此公司为虚构企业,简称:展月电商)是一家专门从事服饰、日用品、小家电等货品销售的B2C电商零售企业,在国内主流的T、J、P等电商销售平台都设有旗舰店,销售规模一直处于行业前列。展月电商根据销售平台的不同,将销售部门划分为销售一部、销售二部、销售三部,各业务部独立开展销售活动,同时设有人事部、财务部、采购部等职能部门。在拓展销售业务、做好客户管理的同时,展月电商也与全国20多家大型服装制造商、50多家日用品生产商、10多家小家电制造商保持长期友好的合作关系,以确保企业能获得更高质量、更有价格优势的货源。

展月电商采购部采取定期订货模式,销售部门于每月20日前必须做好下一月度的货品销售计划,同时提交下一月度的采购申请;采购部在收集各部门的采购申请后,进行汇总,同时检查下一月度预计的库存数量,生成采购计划;根据各项货品供应商近期的供货记录,筛选优质供应商,向该类货品的供应商发送询价单;根据供应商的报价进行相应的议价,最终确定合适的供应商签订采购合同,形成采购订单。

注:本项目中涉及的商品均为虚拟商品。

》》》》》任务1
填制请购单

任务目标

◇逐渐形成细致认真的品质与市场意识；

◇了解请购单的内涵与作用；

◇掌握请购单的流转；

◇会规范填制请购单。

任务描述

2022年5月15日，展月电商各销售部门针对即将到来的6月年中促销活动制定销售目标，根据历年的销售数据分析，大部分货品6月份的销量都与4月份销量存在一定的比例，见表1-1-1。

表 1-1-1　月度销量比例

项目	服饰	日用品	小家电
6月份销量/4月份销量	300%	200%	200%

销售一部负责展月电商在T平台的货品销售，其4月份的部分货品销售情况见表1-1-2。

表 1-1-2　T平台 4 月份销量

T平台4月份销量							
序号	货品编号	货品名称	规格	单位	售价/元	销量	备注
1	SSSA001	儿童汗巾L	200 PC/箱	箱	600.00	183	
2	SSSA002	儿童汗巾XL	200 PC/箱	箱	600.00	195	
3	SSSA003	渔夫帽L	50 件/箱	箱	600.00	149	
4	SSSA004	渔夫帽XL	50 件/箱	箱	600.00	138	
5	SSSA005	儿童袜子L	200 对/箱	箱	600.00	223	
6	SSSA006	防晒袖套XL	200 对/箱	箱	600.00	165	
7	SSSA007	商务男袜XXL	200 对/箱	箱	600.00	206	
8	SSSD001	牙膏120 g	100 支/箱	箱	3 000.00	239	

续表

序号	货品编号	货品名称	规格	单位	售价/元	销量	备注
			T平台4月份销量				
9	SSSD002	牙膏150 g	50 支/箱	箱	900.00	305	
10	SSSD003	牙膏120 g	100 支/箱	箱	1 800.00	181	
11	SSSD004	牙膏80 g	100 支/箱	箱	1 800.00	253	
12	SSSD005	洗衣液500 g	12 袋/箱	箱	180.00	192	
13	SSSD006	驱蚊花露水	48 瓶/箱	箱	180.00	266	
14	SSSD007	香皂115 g	100 个/箱	箱	450.00	349	
15	SSSF001	USB桌面风扇	5 V 5 W	件	36.00	508	
16	SSSF002	安全插座	3*3 C	件	60.00	557	
17	SSSF003	家用蒸蛋器	15 W 220 V	件	45.00	505	
18	SSSF004	烘鞋器	5 W 220 V	件	24.00	659	
19	SSSF005	电蚊拍	220 V 2 W	件	45.00	370	
20	SSSF006	LED感应夜灯	5 V 1 W	件	9.00	786	
21	SSSF007	家用打蛋器	220 V 30 R	件	90.00	316	

销售一部各销售主管根据上述货品的销售记录，进行6月份销售预测，并于5月16日提交请购单给销售一部经理王达财，王达财审核后再提交至采购部。由于夏季的到来，展月电商决定将驱蚊花露水、防晒袖套XL、电蚊拍三项货品作为本次活动的爆款货品，售价调整为7折，以带动本次促销的流量，预计这两款货品的销量可以在4月份的基础上多增加100%。

任务：请以服饰销售主管周强和销售一部经理王达财的身份，填制服饰类货品编号为QGD20220105001的请购单，要求货物于6月1日到货。

任务实施

一、悟素养

某厨卫电器销售主管在进行季度销售预测时，习惯性地按照以往不同季度之间的市场变动情况来制定2022年第二季度的销量目标，并上报请购计划，但不料当地房地产交易数量较前几年严重下滑，家庭装修和电器需求大幅减少，因此导致大量的库存积压，企业不得不降价处理。

阅读后，与同学、老师分享你的所感所思。

1.该销售主管在此次销售预测中忽略了哪些因素，直接造成了什么后果？

_____

_____

2.你认为作为一名合格的销售主管在进行销售预测时，还应该考虑哪些因素？

_____

_____

二、练技能

（一）角色分配

学生分为学习小组，每组4~6人，分别担任销售主管和销售经理，共同完成任务，见表1-1-3。

岗位职责

表 1-1-3 任务分工表

岗位	岗位职责	成员姓名
销售主管		
销售经理		

根据全班同学情况进行分组，由各组自选组长，并报告老师。由组长给本组成员分配任务，并组织成员完成请购单的填制。

（二）技能展示

步骤1：教师下达任务，任务简剖。

教师根据任务描述的信息给学生进行简单的解释。

步骤2：请购前的准备工作。

根据企业日常工作流程，销售一部经理王达财通知下属各品类销售主管进行6月份销售目标的制订，同时将4月份的销售数量、历年各月份之间的销量比例情况、6月份的爆款货品等信息下发给销售主管，组织主管们做好销售预测，在采购管理系统中下发请购单。

请购单答案

步骤3：销售主管根据销售资料填制请购单。

1.销售主管周强根据部门实际情况，填写请购单号、请购单位、请购日期，根据任务描述中的服饰品类货品资料填写序号、货品编号、货品名称、规格、单位，见表1-1-4请购单①。

2.销售主管周强根据任务描述中的月度比例、4月份销量资料、爆款促销售品，计算并填写6月份的销售数量、需求日期，见表1-1-4请购单②。

3.销售主管周强审核完毕后，在"主管"一栏签名，见表1-1-4请购单③。

请购填单要求

步骤4: 销售经理进行审核, 完成请购单的编制。

2022年5月16日, 周强将请购单提交给销售一部经理王达财, 王达财根据销售记录数据和促销信息, 确认货物名称、规格、单位和数量等填写正确, 并在"经理"一栏中签名, 完成请购单的填制, 见表1-1-4请购单④。

表 1-1-4 请购单

请购单						
				① 请购单号:		
请购单位:				请购日期: 年 月 日		
序号	货品编号	货品名称	规格	单位	数量	需求日期
		①				②
用途说明						
主管: ③		经理: ④		会计:	第1页 共1页	

三、学理论

（一）请购单的内涵

请购是指某人或者某部门根据生产需要确定一种或几种物料, 并按照规定的格式填写一份要求, 递交至公司的采购部以获得这些物料的单子的整个过程。所填的单据称为请购单。请购常常是源于买方的基层单位, 其中也可以包含该物料或者设备的到货期限。

请购单样式

（二）请购单的分类

1.按物料分: 固定资产请购单、原辅料请购单、办公用品请购单

（1）固定资产请购单: 指所有固定资产(含IT类固定资产及软件、行政办公类固定资产、设备类固定资产)的请购。

（2）原辅料请购单: 指原纸、油墨、化工原料、添加剂、设备用配件、备品备件、钢板、包装物、基材、劳保、低值易耗品、油品等常用生产物资的请购。

（3）办公用品请购单: 指行政部管理的办公用品的请购, 列入月度请购计划。

请购单的管理规定

2.按时间需求分：紧急请购单、周请购单、月份请购单

（1）紧急请购单：是指出现当突发情况时，如生产经营临时需求或即将停工待料、不可预期设备损坏或事故紧急抢险、影响正常生产经营的其他相关情况，所紧急填写的请购单。

（2）周请购单：是指根据实际生产需求，填补"月度请购计划"的不足或漏报制订的下一周的请购计划，各需求部门或使用部门于每周五提交周请购单。

（3）月份请购单：是指根据公司上月实际库存情况、物料需求情况及本月预计需求制订的当月请购计划。各需求部门或使用部门于每月25日前提交月份请购单。

（三）请购单的流转

请购单的流转，如图1-1-1所示。

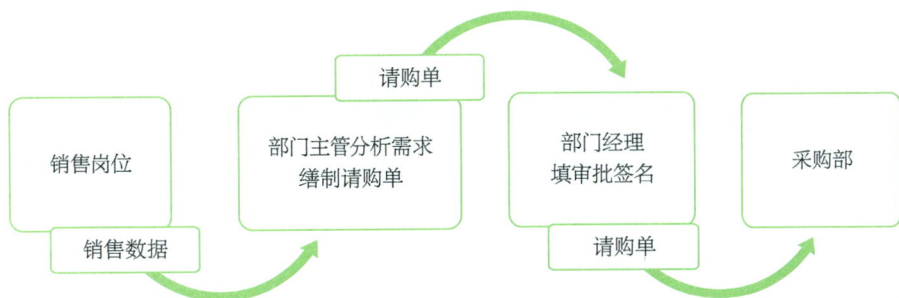

图1-1-1　请购单流转图

（四）请购单填制注意事项

1.请购部门提前做好预算，包括原有物料库存可支持使用的时间以及采购到货时间，尽量避免因物资短缺而紧急采购的情况出现。

2.申请采购的部门须写清楚申请采购物料的类别，认真填写编号、品名、规格、需求数量、注意事项等内容。

3.请购单必须交由部门负责人审核签名后，再提交到采购部门。

四、促评价

小组名称						
成员名字						
评分标准	考评项目		分值	评分依据	自我评价	组长评价
	素养	能积极思考小事件并回答问题	30	小组成员全部完成所感所思：30分		
				小组成员部分完成所感所思：20分		
				小组成员全部未完成所感所思：0分		
		小组合作	10	完成安排的任务并帮助组员：10分		
				没完成安排的任务：0分		

续表

	考评项目		分值	评分依据	自我评价	组长评价
评分标准	技能	正确填制请购单	30	15个以上: 30分		
				10~15个: 20分		
				10个以下: 10分		
	理论	能描述请购单的流转	30	完全正确: 30分		
				基本正确: 20分		
				完全错误: 0分		
	实际得分					
	考核结果					

此评价表考核结果: 自我评价占40%, 组长评价占60%。

□ 巩固提高

一、单选题

1.某人或者某部门根据生产需要确定一种或几种物料, 并按照规定的格式填写一份单据, 递交至公司的采购部以获得这些物料的单子的整个过程, 所填的单据称为( )。

A.请购单　　　　　　B.询价单　　　　　　C.销售单　　　　　　D.入库单

2.请购常常是源于( )的基层单位, 其中也可以包含该物料或者设备的到货期限。

A.卖方　　　　　　B.第三方　　　　　　C.买方

3.请购单按物料可以分为固定资产请购单、原辅料请购单和( )。

A.办公用品请购单　　B.紧急请购单　　　　C.周请购单　　　　　　D.月份请购单

4.请购单按时间需求时间分为紧急请购单、( )和月份请购单。

A.周请购单　　　　　B. 固定资产请购单　　C.原辅料请购单　　　D.办公用品请购单

5.( )是指根据公司上月实际库存情况、物料需求情况及本月预计需求制订的当月请购计划。

A.办公用品请购单　　B.紧急请购单　　　　C.周请购单　　　　　　D.月份请购单

二、判断题

1.请购单无须交由部门负责人审核签名, 即可提交到采购部门。　　　　　　　( )

2.请购部门提前做好预算, 包括原有物料库存可支持使用的时间以及采购到货时间, 可随时采用紧急采购。　　　　　　　　　　　　　　　　　　　　　　　　　　　　( )

3.申请采购的部门须写清楚申请采购物料的类别, 认真填写编号、品名、规格、需求数量、注意事项等内容。　　　　　　　　　　　　　　　　　　　　　　　　　　　　　( )

4.固定资产请购单指所有固定资产(含IT类固定资产及软件、行政办公类固定资产、设备类固

定资产)的请购。　　　　　　　　　　　　　　　　　　　　　　　　　　　　（　　）

　　5.紧急请购单是指根据公司上月实际库存情况,物料需求情况及本月需求制订的当月请购计划。　　　　　　　　　　　　　　　　　　　　　　　　　　　　　　　　（　　）

　　三、制单题

　　2022年5月15日,销售一部经理王达财通知日用品销售主管刘广源,根据4月份相关数据资料,做好6月份的销售预测,并于5月16日提交采购申请。

　　任务:请以日用品销售主管刘广源和销售一部经理王达财的身份,填制日用品类货品编号为QGD20220105002的请购单,要求货物于6月1日到货。

任务2
填制采购计划单

任务目标

◇逐渐形成团结协作的品质与服务意识；
◇了解采购计划单的内涵与作用；
◇掌握采购计划单的流转；
◇会规范填制采购计划。

任务描述

2022年5月16日，展月电商采购部收到各销售业务部门提交的请购单，其中家电类部分货品的请购信息见表1-2-1—表1-2-3。

表 1-2-1　请购单 1

请购单							
						请购单号：QGD20220105003	
请购单位：销售一部						请购日期：2022年 05月15日	
序号	货品编号	货品名称	规格	单位	数量	需求日期	备注
1	SSSF001	USB桌面风扇	5 V 5 W	件	1 016	2022年06月01日	
2	SSSF002	安全插座	3*3 C	件	1 114	2022年06月01日	
3	SSSF003	家用蒸蛋器	15 W 220 V	件	1 010	2022年06月01日	
4	SSSF004	烘鞋器	5 W 220 V	件	1 318	2022年06月01日	
5	SSSF005	电蚊拍	220 V 2 W	件	740	2022年06月01日	
6	SSSF006	LED感应夜灯	5 V 1 W	件	1 572	2022年06月01日	
7	SSSF007	家用打蛋器	220 V 30 R	件	632	2022年06月01日	
用途说明							
主管：张卫民		经理：王达财		会计：		第1页　共1页	

表 1-2-2 请购单 2

						请购单		
							请购单号: QGD20220205003	
请购单位: 销售二部						请购日期: 2022年05月15日		
序号	货品编号	货品名称	规格	单位	数量	需求日期	备注	
1	SSSF001	USB桌面风扇	5 V 5 W	件	1 334	2022年06月01日		
2	SSSF002	安全插座	3*3 C	件	1 488	2022年06月01日		
3	SSSF003	家用蒸蛋器	15 W 220 V	件	1 152	2022年06月01日		
4	SSSF004	烘鞋器	5 W 220 V	件	1 627	2022年06月01日		
5	SSSF005	电蚊拍	220 V 2 W	件	1 000	2022年06月01日		
6	SSSF006	LED感应夜灯	5 V 1 W	件	1 530	2022年06月01日		
7	SSSF007	家用打蛋器	220 V 30 R	件	280	2022年06月01日		
用途说明								
主管: 何绍龙		经理: 李兆新		会计:		第1页 共1页		

表 1-2-3 请购单 3

						请购单		
							请购单号: QGD20220305003	
请购单位: 销售三部						请购日期: 2022年05月15日		
序号	货品编号	货品名称	规格	单位	数量	需求日期	备注	
1	SSSF001	USB桌面风扇	5 V 5 W	件	1 012	2022年06月01日		
2	SSSF002	安全插座	3*3 C	件	1 300	2022年06月01日		
3	SSSF003	家用蒸蛋器	15 W 220 V	件	1 566	2022年06月01日		
4	SSSF004	烘鞋器	5 W 220 V	件	900	2022年06月01日		
5	SSSF005	电蚊拍	220 V 2 W	件	1 548	2022年06月01日		
6	SSSF006	LED感应夜灯	5 V 1 W	件	1 800	2022年06月01日		
7	SSSF007	家用打蛋器	220 V 30 R	件	400	2022年06月01日		
用途说明								
主管: 陈帅		经理: 刘蕊		会计:		第1页 共1页		

家电采购主管张志升根据收集到的请购单信息,随即联系负责仓储和配送业务的广兴物流公司,广兴物流信息员洪超凡查询到6月将会到货的货品信息,见表1-2-4。

表 1-2-4　6 月计划到货数量

6月计划到货数量						
序号	货品编号	货品名称	规格	单位	数量	备注
1	SSSA003	渔夫帽L	50 件/箱	箱	100	
2	SSSA004	渔夫帽XL	50 件/箱	箱	100	
3	SSSD006	驱蚊花露水	48 瓶/箱	箱	300	
4	SSSD007	香皂115 g	100 个/箱	箱	300	
5	SSSF002	安全插座	3*3 C	件	500	
6	SSSF005	电蚊拍	220 V 2 W	件	500	

为保证企业的正常经营,维持良好的客户满意度,展月电商选择确保有一定的安全库存,以应对突发情况导致的需求,各货品的安全库存统一设置为50。同时,采购部根据4月份所采购的货品数量以及5月份的实际销量情况,预估5月底展月电商的库存情况,其中部分货品预计库存见表1-2-5。

表 1-2-5　5 月底预计库存量

5月底预计库存量						
序号	货品编号	货品名称	规格	单位	数量	备注
1	SSSA001	儿童汗巾L	200 PC/箱	箱	100	
2	SSSA002	儿童汗巾XL	200 PC/箱	箱	200	
3	SSSA003	渔夫帽L	50 件/箱	箱	150	
4	SSSA004	渔夫帽XL	50 件/箱	箱	100	
5	SSSA005	儿童袜子L	200 对/箱	箱	150	
6	SSSA006	防晒袖套XL	200 对/箱	箱	150	
7	SSSA007	商务男袜XXL	200 对/箱	箱	200	
8	SSSD001	牙膏120 g	100 支/箱	箱	100	
9	SSSD002	牙膏150 g	50 支/箱	箱	200	

续表

序号	货品编号	货品名称	规格	单位	数量	备注
10	SSSD003	牙膏100 g	100 支/箱	箱	150	
11	SSSD004	牙膏80 g	100 支/箱	箱	100	
12	SSSD005	洗衣液500 g	12 袋/箱	箱	150	
13	SSSD006	驱蚊花露水	48 瓶/箱	箱	150	
14	SSSD007	香皂115g	100 个/箱	箱	200	
15	SSSF001	USB桌面风扇	5 V 5 W	件	100	
16	SSSF002	安全插座	3*3 C	件	200	
17	SSSF003	家用蒸蛋器	15 W 220 V	件	150	
18	SSSF004	烘鞋器	5 W 220 V	件	100	
19	SSSF005	电蚊拍	220 V 2 W	件	150	
20	SSSF006	LED感应夜灯	5 V 1 W	件	150	
21	SSSF007	家用打蛋器	220 V 30 R	件	200	

（表头：5月底预计库存量）

　　家电采购主管张志升根据以上资料，按照"采购数量=计划数量−库存数量"的计算方法，开始编制采购计划表，其中"库存数量=计划到货数量+期初库存数量−安全库存"。

　　5月17日，在编制过程中，张志升发现销售一部提交的请购单内电蚊拍的数量较其他部门偏低，经过与销售一部销售主管的重新核对，原来销售主管只是按照4月销量的200%来预计，少计算了今年的降价促销因素带来的一倍销量，随即将该请购单打回，要求销售一部更正并审核后重新提交。

　　任务：请根据以上信息，以家电采购主管张志升的身份填制家电类货品的采购计划表CGJH2022030501，并以采购部经理李玫的身份进行审核。

任务实施

一、悟素养

某化妆品制造企业的采购员在制定染料采购计划时，留意到欧洲地区政治局势紧张，随时可能发生战争，便向采购经理建议在原采购计划的基础上，趁低价加倍采购染料。次月俄乌果然开战，化工材料的价格跟随国际油价大涨，该企业由于提前储备了足够的原材料，生产得以正常进行。

阅读后，与同学、老师分享你的所感所思。

1.该采购员在此次采购计划中关注到了哪些因素，为企业带来什么好处？

_____

_____

2.你认为作为一名合格的采购员在决定采购数量时，还应该考虑哪些因素？

_____

_____

岗位职责

二、练技能

（一）角色分配

学生分为学习小组，每组4~6人，分别担任采购主管和采购经理，共同完成任务，见表1-2-6。

表 1-2-6　任务分工表

岗位	岗位职责	成员姓名
信息员（广兴物流）		
采购主管		
采购经理		

根据全班同学情况进行分组，由各组自选组长，并报告老师。由组长给本组成员分配任务，并组织成员完成采购计划的填制。

（二）技能展示

步骤1：教师下达任务，任务简剖。

教师根据任务描述的信息给学生进行简单的解释。

步骤2：采购计划填制的准备工作。

接到企业内部各销售部门的请购单后，展月电商的家电采购主管张志升立刻进行审核汇总，将有问题的请购单发回请购部门重新填写，并与广兴物流公司联系，查询货物相关的计划到货信息和库存预计情况，统计好下一个月初企业的库存数量，做好填制准备。

步骤3：采购主管根据销售资料填制请购单。

采购计划单答案

1.家电采购主管张志升根据实际情况,填写计划单号、要求到货日期,根据任务描述中的家电品类货品资料填写序号、货品名称、规格、单位,见表1-2-7采购计划①。

2.主管张志升根据任务描述中的请购单、6月到货信息、预计库存数量、安全库存,计算并填写6月的计划数量、库存数量、采购数量,表1-2-7采购计划②。

3.主管张志升审核完毕后,在"制单人"一栏中签名,见表1-2-7采购计划③。

步骤4:采购经理进行审核,完成采购计划的编制。

2022年5月17日,张志升将采购计划提交给采购部经理李玫,李玫根据销售部门请购数据和库存信息,确认货物名称、规格、单位和数量等填写正确,并在"审核"一栏签名,完成采购计划的填制,见表1-2-7采购计划④。

采购计划填单要求

表 1-2-7 采购计划

采购计划								计划单号:	
序号	货品名称	规格	采购厂家	单位	计划数量	库存数量	采购数量	要求到货日期	备注
								①	
		①							
						②			
制单人: ③		审核: ④		会计:				第1页　共1页	

采购计划单样式

三、学理论

（一）采购计划单的内涵

采购计划,是指企业管理人员在了解市场供求情况,认识企业生产经营活动过程中和掌握物料消耗规律的基础上对计划期内物料采购管理活动所做的预见性的安排和部署。采购计划单是根据生产部门或其他使用部门的计划制订的包括采购物料、采购数量、需求日期等内容的计划表格。

（二）采购计划单的作用

1.可以有效地规避风险,减少损失。

2.为企业组织采购提供了依据。

3.有利于资源的合理配置,以取得最佳的经济效益。

采购计划的主要工作

（三）采购计划单的流转

采购计划单的流转，如图1-2-1所示。

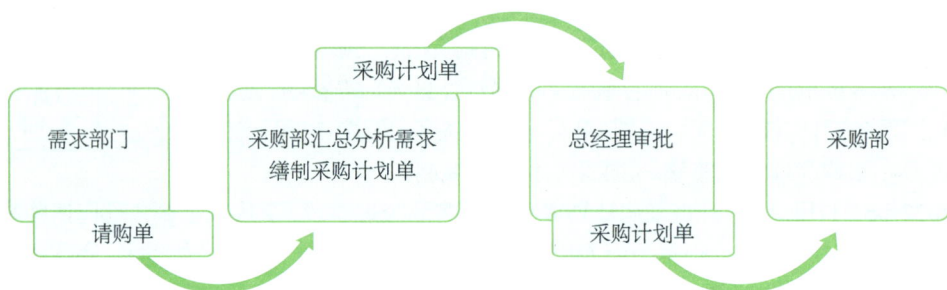

图1-2-1　采购计划单流转图

（四）采购计划单填制注意事项

1.填写货品信息时，各参数要具体详细。

2.采购货品数量时，需要先盘点库存信息，避免出现过量采购情况。

3.到货日期除要考虑库存外，也需要考虑特殊节点的需求大增的消耗。

4.采购计划的编制部门要填写清楚，同时各相关负责人需要对采购计划认真审核、批复。

四、促评价

小组名称						
成员名字						
评分标准		考评项目	分值	评分依据	自我评价	组长评价
	素养	能积极思考小事件并回答问题	30	小组成员全部完成所感所思：30分		
				小组成员部分完成所感所思：20分		
				小组成员全部未完成所感所思：0分		
		小组合作	10	完成安排的任务并帮助组员：10分		
				没完成安排的任务：0分		
	技能	正确填制采购计划单	30	15个以上：30分		
				10~15个：20分		
				10个以下：10分		

续表

评分标准	考评项目		分值	评分依据	自我评价	组长评价
评分标准	理论	能描述采购计划单的流转	30	完全正确: 30分		
评分标准	理论	能描述采购计划单的流转	30	基本正确: 20分		
评分标准	理论	能描述采购计划单的流转	30	完全错误: 0分		
实际得分						
考核结果						

此评价表考核结果: 自我评价占40%, 组长评价占60%。

▣ 巩固提高

一、单选题

1.( )是指企业管理人员在了解市场供求情况, 认识企业生产经营活动过程中和掌握物料消耗规律的基础上对计划期内物料采购管理活动所做的预见性的安排和部署。

A.采购计划单　　　B.检验单　　　　　　C.请购单　　　　　　D.采购订单

2.不属于采购计划的作用有( )。

A.有效地规避风险　B.为企业采购提供了依据　C.资源的合理配置　D.降低库存量

3.编制采购计划单的步骤不包括( )。

A.明确销售计划　　B.明确生产计划　　　C.开始编制采购计划　D.物料需求计划

4.采购计划单是根据生产部门或其他使用部门的计划制订的包括采购物料、( )、需求日期等内容的计划表格。

A.需求计划　　　　B.采购数量　　　　　C.生产计划　　　　　D.销售计划

5.采购数量等于计划数量减去( )。

A.库存数量　　　　B.安全库存　　　　　C.期初库存　　　　　D.计划到货数量

二、判断题

1.采购员填写采购计划单时, 如果需求数量为1 000个, 直接填写采购1 000个。 （　　）

2.为加快采购进度, 采购主管填写完采购计划后, 马上发给供应商进行询价。 （　　）

3.采购主管填写采购单时, 为了明确采购物资的参数, 对每一货品的内容, 都填写非常详细。

（　　）

4.采购货品数量时, 需要先盘点库存信息, 避免出现过量采购情况。 （　　）

5.制订采购计划单不可以有效地规避风险, 减少损失。 （　　）

三、制单题

2022年5月16日, 日用品采购主管周建全收到销售部门提交的请购单并汇总如下:

01, 牙膏120 g, 货品编号SSSD001, 箱装, 100支/箱, 2 060箱

02, 牙膏150 g, 货品编号SSSD002, 箱装, 50支/箱, 1 988箱

03, 牙膏120 g, 货品编号SSSD003, 箱装, 100支/箱, 2 112箱

04, 牙膏80 g, 货品编号SSSD004, 箱装, 100支/箱, 2 250箱

05, 洗衣液500 g, 货品编号SSSD005, 箱装, 12袋/箱, 2 220箱

06, 驱蚊花露水, 货品编号SSSD006, 箱装, 48瓶/箱, 2 610箱

07, 香皂115 g, 货品编号SSSD007, 箱装, 100个/箱, 2 360箱

周建全根据任务描述中已知的信息填制采购计划单,于5月17日提交给经理审核。

任务:请根据以上信息,以日用品采购主管周建全的身份填制日用品货品的采购计划CGJH20220205001,并以采购部经理李玫的身份进行审核。

任务3
填制询价单

任务目标

◇逐渐形成爱岗敬业的品质与市场意识；
◇了解询价单的内涵与作用；
◇掌握询价单的流转；
◇会规范填制询价单。

任务描述

2022年5月17日，展月电商服饰采购主管王文仲根据采购部经理李玫审核过的服装类货品采购计划表，开展6月货品的采购询价工作。部分服饰货品的采购计划单见表1-3-1。

表 1-3-1　采购计划单

采购计划单									
计划单号：CGJH20220105001									
请购单位：销售一部						请购日期： 2022年 05月15日			
序号	货品名称	规格	采购厂家	单位	计划数量	库存数量	采购数量	要求到货日期	备注
1	儿童汗巾L	200PC/箱		箱	1 813	100	1 713	2022年06月01日	
2	儿童汗巾XL	200PC/箱		箱	1 942	200	1 742	2022年06月01日	
3	渔夫帽L	50件/箱		箱	1 655	150	1 505	2022年06月01日	
4	渔夫帽XL	50件/箱		箱	1 826	100	1 726	2022年06月01日	
5	儿童袜子L	200对/箱		箱	2 059	150	1 909	2022年06月01日	
6	防晒袖套XL	200对/箱		箱	2 272	150	2 122	2022年06月01日	
7	商务男袜XXL	200对/箱		箱	2 110	200	1 910	2022年06月01日	
制单人：王文仲		审核：李玫		会计：徐大宝			第1页　共1页		

王文仲根据以上货品信息，向销售部门调取相关销售记录中货品的评价情况，向广兴物流查询相关供应商以往的交货情况，整理服饰类货品供应商的合作记录，筛选出交货准时率、货品好评率最高的四家供应商，各供应商最近3个月的交易资料见表1-3-2—表1-3-5。

表 1-3-2　服饰 A 供应商

序号	货品编号	货品名称	规格	单位	平均报价/元	交货准时率	货品好评率
			服饰A供应商				
1	SSSA001	儿童汗巾L	200 PC/箱	箱	190.00	100%	99%
2	SSSA002	儿童汗巾XL	200 PC/箱	箱	200.00	100%	98%
3	SSSA003	渔夫帽L	50 件/箱	箱	180.00	98%	97%
4	SSSA004	渔夫帽XL	50 件/箱	箱	190.00	97%	97%
5	SSSA005	儿童袜子L	200 对/箱	箱	188.00	95%	97%
6	SSSA006	防晒袖套XL	200 对/箱	箱	170.00	94%	90%
7	SSSA007	商务男袜XXL	200 对/箱	箱	200.00	97%	98%

表 1-3-3　服饰 B 供应商

序号	货品编号	货品名称	规格	单位	平均报价/元	交货准时率	货品好评率
			服饰B供应商				
1	SSSA001	儿童汗巾L	200 PC/箱	箱	180.00	98%	99%
2	SSSA002	儿童汗巾XL	200 PC/箱	箱	180.00	98%	99%
3	SSSA003	渔夫帽L	50 件/箱	箱	170.00	98%	94%
4	SSSA004	渔夫帽XL	50 件/箱	箱	170.00	96%	90%
5	SSSA005	儿童袜子L	200 对/箱	箱	190.00	97%	97%
6	SSSA006	防晒袖套XL	200 对/箱	箱	190.00	98%	99%
7	SSSA007	商务男袜XXL	200 对/箱	箱	170.00	95%	90%

表 1-3-4　服饰 C 供应商

服饰C供应商							
序号	货品编号	货品名称	规格	单位	平均报价/元	交货准时率	货品好评率
1	SSSA001	儿童汗巾L	200 PC/箱	箱	200.00	100%	100%
2	SSSA002	儿童汗巾XL	200 PC/箱	箱	200.00	99%	95%
3	SSSA003	渔夫帽L	50 件/箱	箱	170.00	98%	97%
4	SSSA004	渔夫帽XL	50 件/箱	箱	180.00	98%	98%
5	SSSA005	儿童袜子L	200 对/箱	箱	180.00	100%	97%
6	SSSA006	防晒袖套XL	200 对/箱	箱	180.00	94%	95%
7	SSSA007	商务男袜XXL	200 对/箱	箱	180.00	97%	96%

表 1-3-5　服饰 D 供应商

服饰D供应商							
序号	货品编号	货品名称	规格	单位	平均报价/元	交货准时率	货品好评率
1	SSSA001	儿童汗巾L	200 PC/箱	箱	190.00	95%	95%
2	SSSA002	儿童汗巾XL	200 PC/箱	箱	190.00	99%	98%
3	SSSA003	渔夫帽L	50 件/箱	箱	180.00	97%	98%
4	SSSA004	渔夫帽XL	50 件/箱	箱	170.00	100%	98%
5	SSSA005	儿童袜子L	200 对/箱	箱	180.00	97%	97%
6	SSSA006	防晒袖套XL	200 对/箱	箱	190.00	97%	97%
7	SSSA007	商务男袜XXL	200 对/箱	箱	190.00	97%	100%

　　由于6月的大型促销活动对电商企业在各销售平台的流量导向影响非常大，顾客好评率越高，平台搜索的排名就越靠前，订单成交的概率就越高，因此展月电商在每年6月、11月的促销准备工作中，都会对货物进行分项订购。首先确保货品质量，然后考虑货物的交付速度，确保及时到货。

　　5月18日，服饰采购主管王文仲为每种货品分别选择最优的三家供应商进行询价，要求企业于5月20日前报价，6月1日前交货，验收合格后15天内支付货款。展月电商的公司地址为: 广州市天河南路XX号, 联系电话: 020-123456××。

任务: 请以采购主管王文仲的身份填制发送给A供应商的询价单XJD20220105001。

任务实施

一、悟素养

某食品加工企业决定生产水果罐头, 需要采购大量玻璃瓶, 该项目采购员从网上搜集到若干家玻璃制品企业的报价后, 经过询价议价选择了价格最低的一家企业进行采购。到货后发现, 玻璃瓶价格虽低, 但做工粗糙且质地不够通透, 直接影响产品的卖相。为保证向客户如期供货, 企业不得不重新加急采购。

阅读后, 与同学、老师分享你的所感所思。

1.该采购员的询价操作有哪些疏漏之处, 给企业带来什么影响?

_____

_____

2.你认为作为一名合格的采购员, 在货品质量与价格之间应该如何选择?

_____

_____

_____

岗位职责

二、练技能

（一）角色分配

学生分为学习小组, 每组4~6人, 担任采购主管, 共同完成任务, 见表1-3-6。

表 1-3-6　任务分工表

岗位	岗位职责	成员姓名
销售主管		
信息员（广兴物流）		
采购主管		

根据全班同学情况进行分组, 由各组自选组长, 并报告老师。由组长给本组成员分配任务, 并组织成员完成采购计划单的填制。

（二）技能展示

步骤1: 教师下达任务, 任务简剖。

教师根据任务描述的信息给学生进行简单的解释。

步骤2: 询价前的准备工作。

接到经理审核通过的采购计划单后, 服饰采购主管王文仲马上查询各家供

询价单答案

应商的供货记录以及销售部门反馈的客户评价情况，根据6月促销活动的要求，选取各项货品的前三名供应商，在采购系统中调出询价单，做好填制准备。

步骤3：采购主管根据销售资料填制询价单。

1.服饰采购主管王文仲根据实际情况，填写询价单号、企业信息、制单日期，见表1-3-7询价单①。

2.王文仲根据任务描述中的采购计划、供应商供货记录，填写向A供应商询价的货物名称、规格、单位、数量，见表1-3-7询价单②。

3.王文仲根据任务描述中的报价要求，填写报价须知和报价期限，见表1-3-7询价单③。

询价单填单要求

步骤4：采购主管进行询价单审核，完成询价单的编制。

2022年5月18日，张志升对询价单所填写的内容进行审核后，发送给A供应商。

表 1-3-7 询价单

询价单					
					编号：①
货品编号	货品名称	规格	单位	数量	备注
		②			

1.报价须知
1）交货期限：□需于　　年　　月　　日以前交清
　　　　　　　□订购后　　　天内交清
2）交货地点：　　　　　　③
3）付款方式：□交货验收合格后付款　　　□试车检验合格后付款
4）订购方法：□分项订购　　　□总金额为准
2.报价期限：
上开报价单请于　　年　　月　　日以前惠予报价以便洽购为荷。
注：报价有限期间务必保留至上列日期算起十天以上。

　　　　　　公司采购部
地址：　①
电话：
时间：　　年　　月　　日

第1页　共1页

三、学理论

（一）询价单的内涵

询价单，是指采购部门或者个人向相关供应商（通常不少于三家），就需求物资或者服务，发出询价单让其报价，在报价基础上进行比较并确定最优供应商的一种采购方式。采购的货物技术规格、标准统一、现货货源充足且价格变化幅度小的，可以采用询价方式采购。

询价单样式

（二）询价单特点

1.询价、比价的供应商数量至少为三家。

2.供应商报价的方式，可以采用电传、邮件以及信函文件。

3.报价的评审应按照买方公共或私营部门的良好惯例进行。采购合同一般授予符合采购实体需求的最低报价的供应商或承包商。

询价、比价
的主要工作

（三）询价单的流转

询价单的流转，如图1-3-1所示。

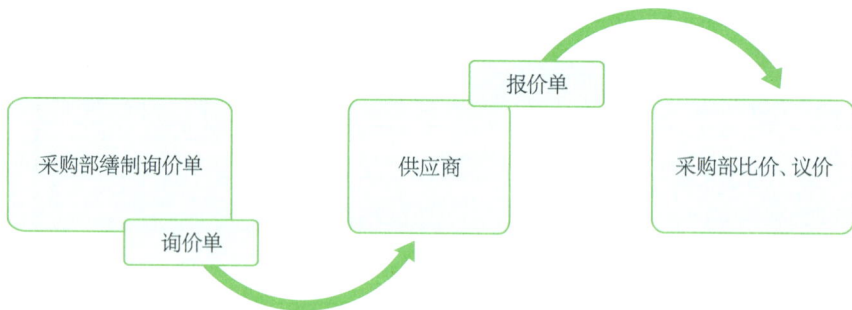

图1-3-1　询价单流转图

（四）询价单填制注意事项

1.填制需要询价物资的内容要详细具体。

2.注明供应商报价的要求。

3.填写交货日期时，要充分考虑现有库存的使用量，同时备注最迟交货日期。

4.制订符合企业财务工作规范的付款方式。

5.供应商的报价截止时间要具体。

6.备注询价咨询的联系方式。

四、促评价

小组名称						
成员名字						
评分标准		考评项目	分值	评分依据	自我评价	组长评价
	素养	能积极思考小事件并回答问题	30	小组成员全部完成所感所思: 30分		
				小组成员部分完成所感所思: 20分		
				小组成员全部未完成所感所思: 0分		
		小组合作	10	完成安排的任务并帮助组员: 10分		
				没完成安排的任务: 0分		
	技能	正确填制询价单	30	15个以上: 30分		
				10~15个: 20分		
				10个以下: 10分		
	理论	能描述询价单的流转	30	完全正确: 30分		
				基本正确: 20分		
				完全错误: 0分		
实际得分						
考核结果						

此评价表考核结果: 自我评价占40%, 组长评价占60%。

🔲 巩固提高

一、单选题

1.(　　)是指采购部门或者个人向相关供应商,就需求物资或者服务,发出询价单让其报价,在报价基础上进行比较并确定最优供应商的一种采购方式。

A.流转单　　　B.采购计划单　　　C.询价单　　　D.比价单

2.采购部门向相关供应商询价时,应不少于(　　)家。

A.一　　　　　B.二　　　　　C.三　　　　　D.四

3.采购的货物技术规格、标准统一、现货货源充足且价格变化幅度小的,可以采用(　　)

采购。

A.询价方式 　　 B.比价方式 　　　　　C.报价方式 　　　　　　D.议价方式

4.询价公告时间及采购方式的更改询价公告时间是根据询价项目及采购人的实际情况进行确定,但自询价文件发售之日起至递交报价文件截止时间止原则上不得少于( )工作日。

A.5个 　　　　　 B.3个 　　　　　　C.7个 　　　　　　　D.14个

5.下列选项不属于询价文件由5个部分组成的是( )。

A.合同格式 　　 B.采购内容及要求 　　C.报价文件格式 　　D.订单格式

二、判断题

1.填写询价单时,只需要让供应商报价就可以了。 　　　　　　　　　　　　( )

2.供应商收到询价单后,可根据自身时间安排报价。 　　　　　　　　　　( )

3.采购部填写货物名称时,将"草莓味儿童牙膏200 g",简写为"草莓牙膏"。 ( )

4.供应商的报价截止时间要具体。 　　　　　　　　　　　　　　　　　　( )

5.填写交货日期时,要充分考虑现有库存的使用量,同时备注最迟交货日期。 ( )

三、制单题

根据任务描述中的信息,5月18日服饰采购主管王文仲为每种货品分别选择最优的三家供应商进行询价。

任务:以服饰采购主管王文仲的身份填制发送给B供应商的询价单XJD20220105002。

任务4
填制采购订单

任务目标

◇逐渐形成精益求精的品质与成本意识；

◇了解采购订单的内涵与作用；

◇掌握采购订单的流转；

◇会规范填制采购订单。

任务描述

2022年5月19日，家电采购主管张志升收到三家电器供应商的对询价单的报价回复，见表1-4-1—表1-4-3。

表 1-4-1　报价单 1

报价单							
供应商：家电K供应商					日期：2022年05月19日		
序号	货品编号	货品名称	规格	单位	数量	价格	备注
1	SSSF001	USB桌面风扇	5 V 5 W	件	3 362	11.00	
2	SSSF002	安全插座	3*3 C	件	3 902	24.00	
3	SSSF003	家用蒸蛋器	15 W 220 V	件	3 728	14.00	
4	SSSF004	烘鞋器	5 W 220 V	件	3 845	7.00	
5	SSSF005	电蚊拍	220 V 2 W	件	3 658	12.00	
6	SSSF006	LED感应夜灯	5 V 1 W	件	4 902	2.50	
7	SSSF007	家用打蛋器	220 V 30 R	件	1 312	35.00	
制单人：赵四		审核人：刘朵朵				第1页　共1页	

表 1-4-2　报价单 2

报价单							
供应商：家电L供应商						日期：2022年05月19日	
序号	货品编号	货品名称	规格	单位	数量	价格	备注
1	SSSF001	USB桌面风扇	5 V 5 W	件	3 362	13.00	
2	SSSF002	安全插座	3*3 C	件	3 902	20.00	
3	SSSF003	家用蒸蛋器	15 W 220 V	件	3 728	16.00	
4	SSSF004	烘鞋器	5 W 220 V	件	3 845	8.00	
5	SSSF005	电蚊拍	220 V 2 W	件	3 658	15.00	
6	SSSF006	LED感应夜灯	5 V 1 W	件	4 902	3.00	
7	SSSF007	家用打蛋器	220 V 30 R	件	1 312	30.00	
制单人：钱五		审核人：张壮壮				第1页　共1页	

表 1-4-3　报价单 3

报价单							
供应商：家电M供应商						日期：2022年05月19日	
序号	货品编号	货品名称	规格	单位	数量	价格	备注
1	SSSF001	USB桌面风扇	5 V 5 W	件	3 362	14.00	
2	SSSF002	安全插座	3*3 C	件	3 902	20.00	
3	SSSF003	家用蒸蛋器	15 W 220 V	件	3 728	16.00	
4	SSSF004	烘鞋器	5 W 220 V	件	3 845	8.00	
5	SSSF005	电蚊拍	220 V 2 W	件	3 658	15.00	
6	SSSF006	LED感应夜灯	5 V 1 W	件	4 902	3.00	
7	SSSF007	家用打蛋器	220 V 30 R	件	1 312	30.00	
制单人：孙六		审核人：郭苗苗				第1页　共1页	

张志升根据供应商的报价对比，筛选出除SSSF002和SSSF007两项货品外的其余5项，与家电K供应商进行议价，要求供应商在现有价格基础上减20%；针对SSSF002和SSSF007两项货品，与家电L供应商和家电M供应商议价，同样要求供应商在现有价格基础上减20%。

5月20日收到家电K供应商的回复，价格只能做到优惠10%，但订购批量由100提高至200；家电L供应商则回复，价格可以优惠20%，但交货日期要推迟10天，订购批量为100；

家电M供应商则表示价格已是最低价，但如果与SSSF002、SSSF007两项货品同时采购的话，可以按报价的七折销售SSSF003货品，要求订购批量为100。

根据与供应商的议价比价结果，张志升在确保6月1日到货的前提下，按照议价结果选择最低价格货源，决定向K、M两家供应商进行采购，分别编制采购订单，上报采购经理审批后，发送给对应的供应商。

展月电商作为一般纳税人，采购货物需缴纳13%的进项税，交货地点为广兴物流公司，地址为广州市番禺区桥南路××号。

任务：根据以上信息，由家电采购主管张志升填制发送给家电K供应商的采购订单CGD20220305001，并以采购部经理李玫的身份完成审核。

任务实施

一、悟素养

某手机制造企业决定向X企业采购一批价值1 000万元的储存芯片，但采购主管在填制采购订单前留意到，X企业位于某国的芯片原材料供应商Q企业大部分厂房被洪水冲毁，X企业的产能可能大受影响，采购主管立即向采购经理报告此情况，并建议将此订单分散到X、Y、Z三家企业采购。

阅读后，与同学、老师分享你的所感所思。

1.该采购主管在确定供应商时关注到了哪些信息，为企业带来什么好处？

_____

_____

2.你认为作为一名合格的采购经理，在多家供应商与唯一供应商之间应该如何选择？

_____

_____

岗位职责

二、练技能

（一）角色分配

学生分为学习小组，每组4~6人，分别担任采购主管和采购经理，共同完成任务，见表1-4-4。

表 1-4-4　任务分工表

岗位	岗位职责	成员姓名
采购主管		
采购经理		

根据全班同学情况进行分组，由各组自选组长，并报告老师。由组长给本组成员分配任务，并组织成员完成采购订单的填制。

（二）技能展示

步骤1：教师下达任务，任务简剖。

教师根据任务描述的信息给学生进行简单的解释。

步骤2：采购订单填制的准备工作。

接到各供应商的报价单后，展月电商的家电采购主管张志升立刻进行比价操作，针对每一项货品选择价格最低的供应商，并与对应的供应商联系进行议价，收到供应商的议价回复后，根据最终价格确定好每一项货品的供应商，做好填制准备。

步骤3：采购主管根据销售资料填制采购订单。

1.采购主管张志升根据实际情况填写采购单位、申请日期、供应商、交货地点，见表1-4-5采购订单①。

2. 主管张志升根据任务描述中的议价结果，计算并填写项次、货号、品名、规格、数量、单位、单价、总价、交货日期，见表1-4-5采购订单②。

3. 主管张志升根据各货物的总价计算并填写合计金额、税额、税后金额，审核完毕后，在"经办"一栏签名，见表1-4-5采购订单③。

采购订单
答案

采购订单填
单要求

步骤4：采购经理进行审核，完成采购订单的编制。

2022年5月20日，张志升将采购订单提交给采购部经理李玫，李玫根据张志升提供的比价、议价记录，确认货物名称、规格、单位和数量等填写正确，并在"经理"一栏中签名，完成采购订单的填制，见表1-4-5采购订单④。

表 1-4-5　采购订单

采购订单									
采购单位			申请日期	①			单据号码		
供应商			交货地点				请购单号		
项次	货号	品名	规格	数量	单位	总价		交货日期	备注
				②					

续表

采购部	经办	③	总经理批复		合计	税前金额	
						税额 ③	
	经理	④				税后金额	
注意事项	①厂商须严守交货日期，若逾期交货，每延迟一天，买方可扣该批货款5%，或将订单全部取消； ②本公司如有指定质量标准则依之，若本司未指定质量标准，则依双方共同认定标准或有资格机构所认定的标准； ③厂商如因交货延误、规格不符、质量不符、数量不足等而造成本公司的损失，厂商应负完全责任； ④本次订单内容或附件如有更换，由采购人员通知贵厂商后，原件请自行作废，不再回收。						
分单	第一联: 供应商（白）　　第二联: 仓库（红）　　第三联: 财会部（黄）						

三、学理论

（一）采购订单的内涵

采购订单是指企业采购部门在选定供应商之后，向供应商发出的订货单据。采购订单是采购双方订立采购合同的重要依据，它包括采购所需的重要细节信息，如采购数量、货品规格、质量要求、采购价格、交货日期、交货地址等。下达供应商执行，在执行的过程中要注意对订单进行跟踪，以使企业能从采购环境中购买到企业所需的货品，为生产部门和需求部门输送合格的原材料和配件。

采购订单样式

（二）采购订单的份数

采购订单一般有三联，第一联为白底，交由供应商保管；第二联为红底，留原物料仓库入库验收时作为记账明细；第三联为黄底，留财会部门作为入库材料核算依据。

采购订单的交期工作

（三）采购订单的流转

采购订单的流转，如图1-4-1所示。

图1-4-1　采购订单流转图

（四）采购订单填制注意事项

1.采购申请部门和供应商名称要详细。

2.交货地点、交货时间要具体详细。

3.各相关单据的号码要根据流转过程填写正确。

4.每样货品的名称、参数规格等条件和技术协议要求，要根据货物实际内容填写。

5.采购订单流转负责部门负责人必须认真审核、批复。

6.交易金额必须按照具体发生额填写。

7.明确双方权责。

四、促评价

小组名称						
成员名字						
评分标准	考评项目		分值	评分依据	自我评价	组长评价
	素养	能积极思考小事件并回答问题	30	小组成员全部完成所感所思：30分		
				小组成员部分完成所感所思：20分		
				小组成员全部未完成所感所思：0分		
		小组合作	10	完成安排的任务并帮助组员：10分		
				没完成安排的任务：0分		
	技能	正确填制采购订单	30	15个以上：30分		
				10~15个：20分		
				10个以下：10分		
	理论	能描述采购订单的流转	30	完全正确：30分		
				基本正确：20分		
				完全错误：0分		
	实际得分					
	考核结果					

此评价表考核结果：自我评价占40%，组长评价占60%。

巩固提高

一、单选题

1.（　　）是指企业采购部门在选定供应商之后,向供应商发出的订货单据。

A.入库单　　　　B.询价单　　　　　　C.采购计划单　　　　D.采购订单

2.采购订单一般有三联,第（　　）联留给财会部门作为入库材料核算依据。

A.一　　　　　　B.二　　　　　　　　C.三

3.采购订单是采购双方订立采购合同的重要依据,它包括采购所需的重要细节信息,不包括（　　）。

A.采购数量　　　B.货品规格　　　　　C.质量要求　　　　　D.采购期限

4.采购订单至供应商后的交付工作不包括（　　）。

A.交期管理　　　B.采购订单交期变动　C.采购订单数量确认　D.交期异常处理

5.采购部采购员填制采购订单后交（　　）进行审批。

A.仓管员　　　　B.采购经理　　　　　C.供应商　　　　　　D.拣货员

二、判断题

1.采购订单只需要备注供应商的责任要求。　　　　　　　　　　　　　（　　）

2.采购订单只需要采购部经理审批就可以直接发供应商。　　　　　　　（　　）

3.下达供应商执行后,在执行的过程中需要注意对订单进行跟踪,以使企业能从采购环境中购买到企业所需的货品。　　　　　　　　　　　　　　　　　　　（　　）

4.采购订单一般有三联。　　　　　　　　　　　　　　　　　　　　　（　　）

5.若供应商无法按期交货提出交期延误申请,采购员需详细了解原因并结合用料部门使用紧急程度,与供应商沟通协商新的交货日期,并将结果及时通知PMC或申购部门。　（　　）

三、制单题

根据任务描述中的信息,张志升在确保6月1日到货的前提下,按照议价结果选择最低价格货源,决定向K、M两家供应商进行采购,分别编制采购订单,上报采购经理审批后,发送给对应的供应商。

任务:请根据以上信息,以家电采购主管张志升填制发送给家电M供应商的采购订单CGD20220305002,并以采购部经理李玫的身份完成审核。

项目 2
仓储单证业务

项目综述

仓储是指通过仓库对物资进行储存、保管以及仓库相关储存活动的总称。它随着物资储存而产生，又随着生产力而发展。仓储是商品流通的重要环节之一，也是物流活动的重要支柱。仓储作业是指从商品入库到商品发送出库的整个仓储作业全过程，主要包括入库作业、在库作业和出库作业等内容。入库作业主要包括接运、交接和入库三个环节；在库作业主要包括堆码、维护、检查和盘点四个环节；出库作业主要包括配货、交接和出库三个环节。

仓储单证是仓储管理的工具之一，是伴随着仓储管理活动的进行而产生的。仓储单证的正确填制与流转，不但可以为仓储作业管理提供依据，还可以将单证作为仓库管理的控制节点，提高仓储管理效率，保证仓储管理工作的顺利进行。

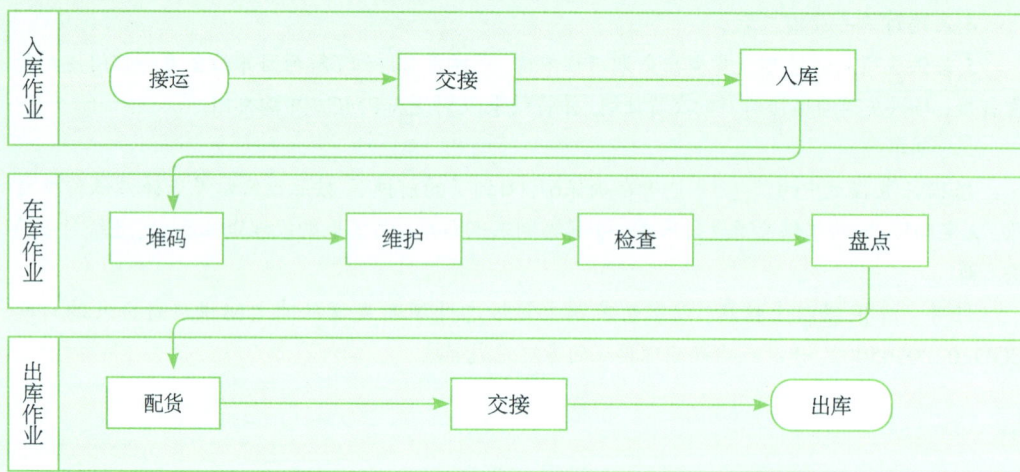

仓储作业流程图

项目目标

素养目标
◇逐渐形成吃苦耐劳的品质与细致认真的意识；
◇培养爱岗敬业与实事求是的品质；
◇强化安全意识。

知识目标
◇熟悉仓储相关岗位的工作职责；
◇了解仓储单据的内涵与作用；
◇掌握仓储相关单证的流转。

能力目标

◇会运用仓储知识分析任务信息；

◇会规范填制仓储相关单证；

◇能处理仓储相关单证填制时的特殊情况。

▣ 项目思维导图

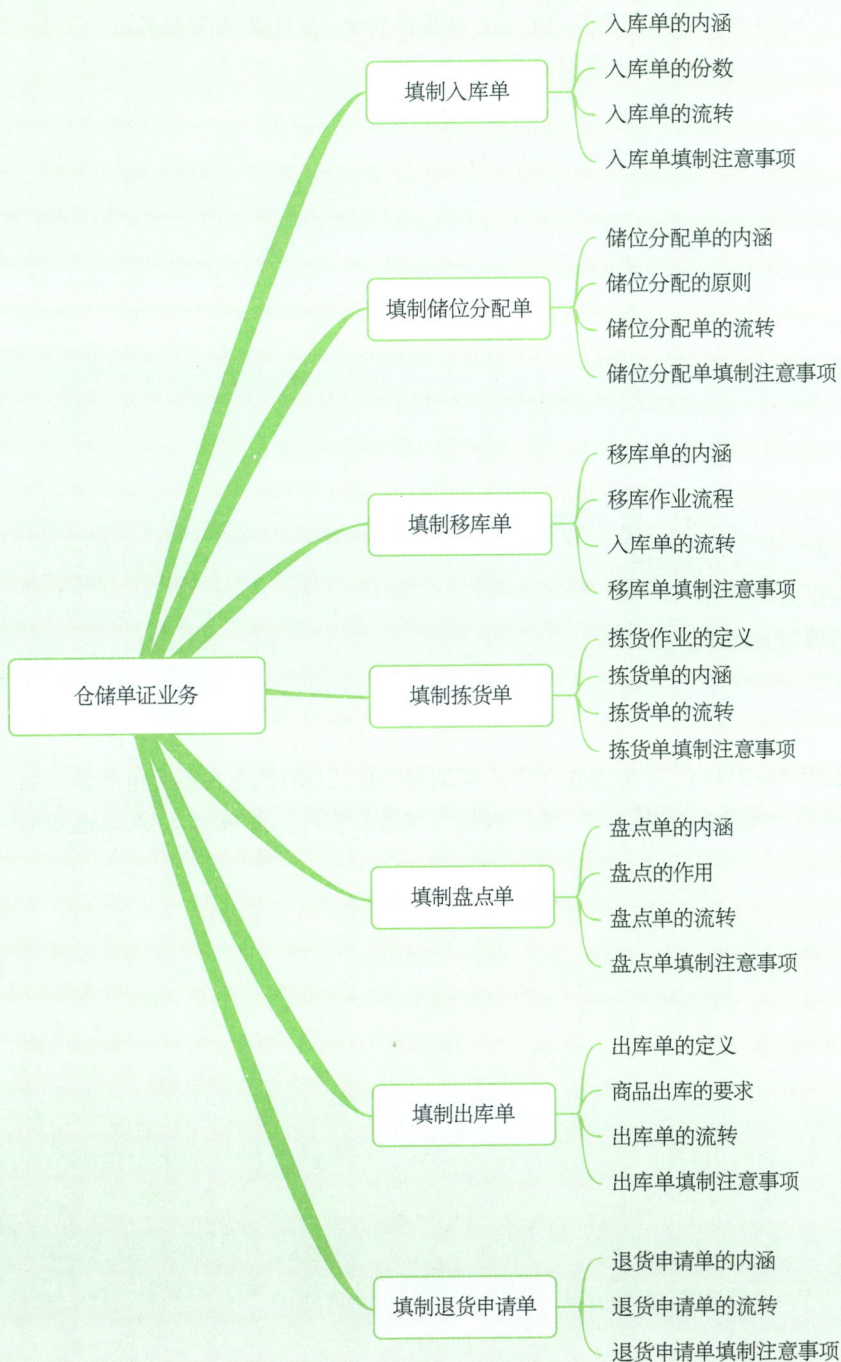

```
                                          ┌─ 入库单的内涵
                           填制入库单 ──────┤─ 入库单的份数
                                          ├─ 入库单的流转
                                          └─ 入库单填制注意事项

                                          ┌─ 储位分配单的内涵
                           填制储位分配单 ──┤─ 储位分配的原则
                                          ├─ 储位分配单的流转
                                          └─ 储位分配单填制注意事项

                                          ┌─ 移库单的内涵
                           填制移库单 ──────┤─ 移库作业流程
                                          ├─ 入库单的流转
                                          └─ 移库单填制注意事项

                                          ┌─ 拣货作业的定义
      仓储单证业务 ────────── 填制拣货单 ──────┤─ 拣货单的内涵
                                          ├─ 拣货单的流转
                                          └─ 拣货单填制注意事项

                                          ┌─ 盘点单的内涵
                           填制盘点单 ──────┤─ 盘点的作用
                                          ├─ 盘点单的流转
                                          └─ 盘点单填制注意事项

                                          ┌─ 出库单的定义
                           填制出库单 ──────┤─ 商品出库的要求
                                          ├─ 出库单的流转
                                          └─ 出库单填制注意事项

                                          ┌─ 退货申请单的内涵
                           填制退货申请单 ──┤─ 退货申请单的流转
                                          └─ 退货申请单填制注意事项
```

▣ 项目背景

广兴物流有限公司（此公司为虚构企业，简称：广兴物流）是一家专门从事仓储、配送、运输、国际物流业务的专业第三方物流企业，该物流企业的仓库面积约10万m²，占地约60km²。仓储部门本着为客户降低物流成本及提供高效的物流仓储服务为宗旨，为客户提供验收、保管、分拣、配送、退货、信息处理等服务。

展月电子商务有限公司（简称：展月电商）是广兴物流的长期合作企业，其主营业务范围是服饰、日用品、小家电等。广兴物流公司主要为其提供仓储、配送等物流服务。

注：本项目中涉及的商品均为虚拟商品。

任务1
填制入库单

任务目标

◇逐渐形成吃苦耐劳的品质与认真细致的意识；
◇了解入库单的内涵与作用；
◇掌握入库单的流转；
◇会规范填制入库单。

任务描述

2022年4月2日，广兴物流收到供应商编号为GYS001的客户展月电商发来的"入库通知单"，将有一批货物需要入库，请广兴物流准备货物的入库操作。"入库通知单"的信息见表2-1-1。

表 2-1-1　入库通知单

入库通知单
入库通知单号：RKTZD001
供应商：展月电商
供应商编号：GYS001
接货人：张衡
电话：020-82601245
发货日期：2022年4月3日
计划到货日期：2022年4月3日

续表

序号	货品编号	货品名称	规格	单位	计划数量	备注
1	SSSD001	牙膏120 g	100 支/箱	箱	80	
2	SSSD002	牙膏150 g	50 支/箱	箱	100	
3	SSSD003	牙膏180 g	100 支/箱	箱	100	
合计					280	
制单人：王磊		审核人：赵宇			第1页　共1页	

2022年4月3日，展月电商的送货人员携带入库通知单上的全部货品和送货单到达广兴物流，本次供货产品生产日期均为2022年01月01日，仓管员张衡依据本次的送货单和入库通知单进行货品验收，本次供应商送货商品与入库通知单上的商品信息有部分差异，其中SSSD002号牙膏120 g 5箱外包装破损，拒收，其余全部符合，签收送货单后，将到货商品放置到KFD001库房的暂存区。

任务：请以广兴物流公司信息员李思欣和仓管员张衡的身份填制编号为RKD0001的入库单。

任务实施

一、悟素养

某物流公司仓储部一名员工在进行入库验收时，就由于入库货物的品种多数量大，为了缩短验收时间，没有对入库货物进行详细的清点和验收工作就直接入库，导致入库货物的实际数量与到货数量不符合，给公司造成损失。

阅读后，与同学、老师分享你的所感所思。

1.发生该事件的主要原因是什么？

_____

_____

2.你认为作为一名仓管员要具备什么素质才能避免同类事件的发生？

_____

_____

二、练技能

（一）角色分配

学生分为学习小组，每组4~6人，分别担任信息员和仓管员，共同完成任务，见表2-1-2。

岗位职责

表 2-1-2　任务分工表

岗位	岗位职责	成员姓名
信息员		
仓管员		

根据全班同学情况进行分组，由各组自选组长，并报告老师。由组长给本组成员分配任务，并组织成员完成入库单的填制。

（二）技能展示

步骤1：教师下达任务，任务简剖。

教师根据任务描述的信息给学生进行简单的解释。

步骤2：入库前的准备工作。

接到供应商展月电商的入库通知单后，广兴物流公司的仓储部经理陈英杰安排货物进入编号为KFD001的库房进行储存，通知信息员李思欣当天根据入库通知单缮制编号RKD001的入库单，并通知仓管员张衡做好货物的入库验收准备，进行入库验收。信息员收到通知后，分析入库通知单的信息。

步骤3：信息员根据入库通知单缮制入库单。

1.信息员李思欣根据仓库的安排，填写入库单号和仓库编号，并按照任务描述中编号为RKTZD001的入库通知单填写供应商名称、供应商编号和制单时间及入库通知单号，见表2-1-3入库单①。

2.信息员李思欣根据任务描述中的入库通知单填写货品名称、货品编号、规格、单位、计划数量，表2-1-3入库单②。

3.信息员李思欣审核完毕后在"制单人"一栏签名，表2-1-3入库单③。

步骤4：仓管员进行入库验收，完成入库单的编制。

2022年4月3日，货物到达广兴物流公司，仓管员张衡根据供应商之前发来的入库通知单验收货物，确认货物名称、规格、单位和数量等是否一致，在入库单上填写货物入库的实际数量、批次及备注，并在"仓管员"一栏中签名，完成入库单的填制，见表2-1-3入库单④、⑤。

三、学理论

（一）入库单的内涵

入库单是对采购实物入库数量的确认，也是对采购人员和供应商的一种监控，如果缺乏实物入库的控制，不能防止采购人员与供应商串通舞弊，虚报采购量、实物短少的风险。它是企业内部管理和控制的重要凭证。

（二）入库单的份数

入库单一般有三联，第一联为存根联，留保管备查；第二联为记账联，留会计部门作为入库材料核算依据；第三联为保管联，留保管作为入库材料记明细账依据。

入库单答案

入库单填单要求

入库单样式

货物入库验收的主要工作

表 2-1-3 入库单

入库单								
入库单号:								
仓库编号								
供应商名称		供应商编号				制单时间		
入库通知单号								
①　　　　　　　　　　　　　货品信息								
②货品名称	货品编号	规格	单位	计划数量	④实际数量	批次	备注	
仓管员 ⑤		制单人 ③				第1页　共1页		

（三）入库单的流转

入库单的流转，如图2-1-1所示。

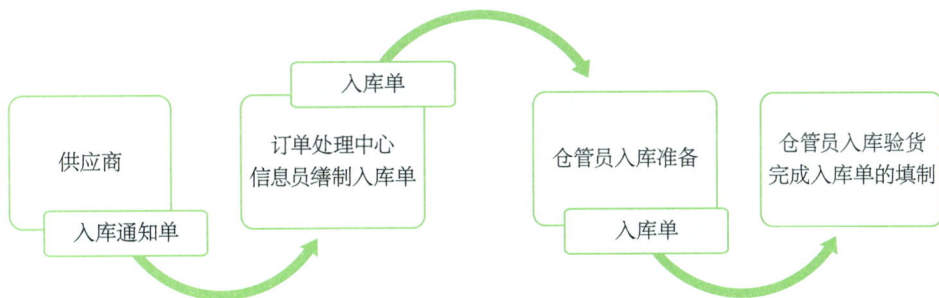

图2-1-1　入库单流转图

（四）入库单填制注意事项

1.供应商的名称必须填写全称。

2.货物未入库时，信息员只能根据入库通知单的信息填写入库的计划数量，不能填写实际数量。

3.仓管员应根据实际入库情况进行实际数量填写，正常入库计划数量与实际数量一致，非正常入库，根据实际情况填写数据并在备注栏上注明原因。

4.在制单时，在查看任务要求时注意"编制"与"填制"的区别，编制时不用填写货物的实际数量，填制时要填写货物的实际数量。

5.仓管员在货物验收时发现货物破损,破损货物数量不计入入库实际数量。

四、促评价

小组名称							
成员名字							
评分标准		考评项目	分值	评分依据		自我评价	组长评价
	素养	能积极思考小事件并回答问题	30	小组成员全部完成所感所思:30分			
				小组成员部分完成所感所思:20分			
				小组成员全部未完成所感所思:0分			
		小组合作	10	完成安排的任务并帮助组员:10分			
				没完成安排的任务:0分			
	技能	正确填制入库单	30	15个以上:30分			
				10~15个:20分			
				10个以下:10分			
	理论	能描述入库单的流转	30	完全正确:30分			
				基本正确:20分			
				完全错误:0分			
实际得分							
考核结果							

此评价表考核结果:自我评价占40%,组长评价占60%。

🗒 巩固提高

一、单选题

1.(　　)是对采购实物入库数量的确认,也是对采购人员和供应商的一种监控,如果缺乏实物入库的控制,不能防止采购人员与供应商串通舞弊,虚报采购量、实物短少的风险。

A.入库单　　　　　　B.出库单　　　　　　C.移库单　　　　　　D.盘点单

2.入库单一般有三联,记账联为第( )联。

A.一 B.二 C.三 D.四

3.( )是指仓库保管员对照进货通知单的品名、规格、质量、价格等依次逐项检查商品,注意有无单货不符或漏发、错发的现象。

A.对单验收 B.入库作业 C.储位分配作业 D.出库作业

4.( )是指保管员通过感官或简单仪器检查商品的质量、规格、等级、价格,如外观是否完整无损、零部件是否齐全无缺、食品是否变质过期、易碎商品是否破裂损伤。

A.对单验收 B.质量验收 C.数量验收 D.品质验收

5.在填制入库单据时,计划数量为100箱,由于外包装破损5箱,经与供应商协商,把合格商品进行入库处理,因此,实收数量应填写( )箱。

A.5 B.105 C.95 D.100

二、判断题

1.入库计划数量为50箱,验收时发现货物破损10箱,实际数量应填50箱。 ( )

2.货物尚未入库,信息员就填写了货物计划数量与实际数量。 ( )

3.飞腾电子商务有限公司(简称"飞腾电商")的货物需办理入库,信息员在填制入库单时,供应商名称填写为"飞腾电商"。 ( )

4.仓管员应根据实际入库情况进行实际数量填写,正常入库计划数量与实际数量一致,非正常入库,根据实际情况填写数据并在备注栏上注明原因。 ( )

5.数量验收一般是原件点整数、散件点细数、贵重商品逐一仔细检对。 ( )

三、制单题

2022年4月3日,广兴物流公司又收到客户编号为KH002的海尔电器上海分厂的一批货物(入库通知单号为RKTZD002):

01,电冰箱001,产品编号CPDBX001,箱装,1台/箱,200箱,存放于仓库KF002一区HW001a货位;

02,电冰箱002,产品编号CPDBX002,箱装,1台/箱,100箱,存放于仓库KF002一区HW001b货位;

03,空调001,产品编号CPKT001,箱装,1台/箱,50箱,存放于仓库KF002一区HW001c货位;

任务:根据以上信息以广兴物流公司仓库保管员王杰的身份编制单号为RKD002的入库单。

任务2
填制储位分配单

任务目标

◇逐渐形成实事求是的品质与认真细致的意识；
◇了解储位分配单的内涵与作用；
◇掌握储位分配单的流转；
◇会规范填制储位分配单。

任务描述

2022年5月14日，广兴物流仓储1部经理曾欢安排仓管员梁衡根据CK001仓库日用品区的储位分配原则和仓库内现有的储位情况，对入库单中的货物进行储位安排，并安排操作员杨清将全部货物按照安排的储位进行上架。"入库单"的信息见表2-2-1。

表 2-2-1　入库单

入库单号: RKD0001							
仓库编号	CK001						
供应商名称	展月电子商务有限公司	供应商编号	GYS001	制单时间	2022年05月14日		
入库通知单号	RKTZD0001						
货品信息							
货品名称	货品编号	规格	单位	计划数量	实际数量	批次	备注
医疗手套	KKD041301	L码×20 盒	箱	20	20	20220410	
防护口罩	KKD041401	M码×50 盒	箱	25	25	20220413	
防护口罩（KN95）	KKD041402	L码×50 盒	箱	30	30	20220412	
仓管员: 黄山		制单人: 李亮			第1页　共1页		

三种商品的出货频率由低到高为防护口罩（KN95）、防护口罩、医疗手套。并且三种商品的储位最大容量分别为30箱、30箱、25箱。

日用品库区现在有如下10个储位，按照距离出库区的近远排序如下：DF010101、

DF010102、DF010103、DF010104、DF010105、DF010106、DF010107、DF010108 、DF010109、DF010110。

　　任务：以广兴物流仓管员梁衡的身份缮制作业单号为CWFP001的储位分配单，并以操作员杨清的身份在完成货物上架后对储位分配单进行反馈。

任务实施

一、悟素养

某物流公司仓储部一名员工对验收入库的货物进行储位安排，该仓储部员工没有看清货物储位安排的原则与仓库现有能用的空储位，只是根据自己的经验进行了储位安排，导致储位安排不当，降低了货物的出库周转率，给公司造成损失。

阅读后，与同学、老师分享你的所感所思。

1.发生该事件的主要原因是什么？

_____

_____

2.你认为作为一名仓管员要具备什么素质才能避免同类事件的发生？

_____

_____

岗位职责

二、练技能

（一）角色分配

学生分为学习小组，每组4~6人，分别担任仓管员和操作员，共同完成任务，见表2-2-2。

表 2-2-2　任务分工表

岗位	岗位职责	成员姓名
仓管员		
操作员		

根据全班同学情况进行分组，由各组自选组长，并报告老师。由组长给本组成员分配任务，并组织成员完成储位分配单的填制。

（二）技能展示

步骤1：教师下达任务，任务简剖。

教师根据任务描述的信息给学生进行简单的解释。

步骤2：仓管员清晰储位分配的原则。

仓管员清晰储位分配原则是：物流中心在进行库内作业时，为方便货品的流转，根据货物的进出频率安排合理的货物储存位置，出货频率越高的商品距离出

储位分配单答案

货区越近,出货频率越低的商品距离出货区越远。

步骤3: 仓管员根据入库单与储位分配原则缮制储位分配单。

1.仓管员梁衡根据仓库的情况,填写作业单号、入库单号、仓库编号、仓管员、日期等基本信息,见表2-2-3储位分配单①。

2.仓管员梁衡根据商品的存放要求、商品的储位最大容量以及仓库的可用储位情况,遵循储位分配原则对任务描述中的商品安排储位,填写库区、储位、货品名称、货品编号、规格、应放数量、单位和仓管员签名,见表2-2-3储位分配单②。

3.仓管员梁衡完成储位分配单的填制后,把储位分配单交给操作员杨清,要求杨清根据储位分配单给货物分配的储位,完成货物的上架作业。操作员杨清按照储位分配单完成货物上架后,未发现异常情况,在储位分配单的"实放数量"一栏填写货物实际上架的数量,并在"作业人"一栏中签名,完成储位分配单的填制,见表2-2-3储位分配单③。

储位分配单填单要求

储位分配单样式

储位分配时考虑的要素

表 2-2-3 储位分配单

储位分配单										
								作业单号:		
入库单号			仓库编号							
仓管员			日期						①	
作业明细										
序号	库区	储位	货品名称	货品编号	规格	应放数量	实放数量	单位	备注	
②							③	②		
仓管员			②			作业人	③			

三、学理论

（一）储位分配单的内涵

储位分配是指根据已确定的商品分类保管方案、仓容定额,规划和确定库房和货场的货位摆放形式。储位分配时要考虑的基本要素是储位空间、商品、人员,以及储放、搬运设备与资金等相关要素。储位分配单就是记录货物入储位时的数量、位置等明细的单据。

（二）储位分配的原则

储位分配的原则见表2-2-4。

表 2-2-4 储位分配原则

储位分配原则	操作要求
明确标识储位	先将储存区域经过详细规划区分，并标示编号，让每一种预储存的商品都有位置可以存放
有效定位商品	依据商品保管方式的不同，应该为每种存货确定合适的储存单位、储存策略、分配法则，以及其他储存中要考虑的因素，把商品合理放置在预先准备的储位上
及时更新记录	当商品按规划就位后，若商品的位置或数量发生改变，必须及时、准确地记录变动前后的情况，使库存记录和实际数量完全吻合

（三）储位分配单的流转

储位分配单的流转，如图2-2-1所示。

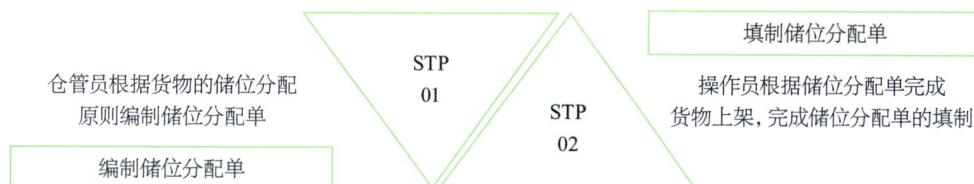

仓管员根据货物的储位分配原则编制储位分配单

编制储位分配单

STP 01

STP 02

填制储位分配单

操作员根据储位分配单完成货物上架，完成储位分配单的填制

图2-2-1 储位分配单流转图

（四）储位分配单填制注意事项

1.储位安排应根据出货频率和距离出库区的远近来安排。

2.验收合格入库的货物才能安排储位。

3.在制单时，应放数量应填写计划存放货品的数量，实放数量应填写每个储位实际存放货品的数量。

4.由于货物还未上架，仓管员只能填写应放数量，无法填写实放数量。

四、促评价

小组名称						
成员名字						
评分标准		考评项目	分值	评分依据	自我评价	组长评价
	素养	能积极思考小事件并回答问题	30	小组成员全部完成所感所思：30分		
				小组成员部分完成所感所思：20分		
				小组成员全部未完成所感所思：0分		

续表

	考评项目		分值	评分依据	自我评价	组长评价
评分标准	素养	小组合作	10	完成安排的任务并帮助组员：10分		
				没完成安排的任务：0分		
	技能	正确填制储位分配单	30	15个以上：30分		
				10~15个：20分		
				10个以下：10分		
	理论	能描述储位分配单的流转	30	完全正确：30分		
				基本正确：20分		
				完全错误：0分		
实际得分						
考核结果						

此评价表考核结果：自我评价占40%，组长评价占60%。

巩固提高

一、单选题

1.（　　）根据已确定的商品分类保管方案、仓容定额，规划和确定库房和货场的货位摆放形式。

A.入库单　　　　　　　B.出库单　　　　　　　C.移库单　　　　　　　D.储位分配单

2.（　　）应填写每个储位实际存放货品的数量。

A.实放数量　　　　　　B.应放数量　　　　　　C.计划数量　　　　　　D.实际数量

3.下列不属于储位分配原则的是（　　）。

A.明确标识储位　　　　B.有效定位商品　　　　C.及时更新记录　　　　D.快速搜索商品

4.储位分配时要考虑的基本要素不包括（　　）。

A.储位空间　　　　　　B.商品　　　　　　　　C.人员工资　　　　　　D.搬运设备

5.对于寿命周期短的商品如食品、化学品等适用的储位安排原则是（　　）。

A.先进先出　　　　　　B.后进先出　　　　　　C.重不压轻　　　　　　D.后送先装

二、判断题

1.入库数量为38箱，验收时发现货物破损6箱，经协商后同意把验收合格的货物全部入库，那么填制储位分配单时实放数量应填为32箱。　　　　　　　　　　　　　（　　）

2.填制储位分配单时，某商品的储位最大容量为50箱，货物实际入库数量为48箱，应放数量

应填为50箱。　　　　　　　　　　　　　　　　　　　　　　　　　　　　（　　）

　　3.三种商品的出货频率由低到高为农夫山泉、百事可乐、雪碧，按照距离出库区的近远排序为DF010101、DF010102、DF010103，那么雪碧的储位应安排为DF010103。　　　　（　　）

　　4.验收不合格的货物不能安排储位。　　　　　　　　　　　　　　　　（　　）

　　5.填制储位分配单时，由于货物还未上架，仓管员只能填写应放数量，无法填写实放数量。

　　　　　　　　　　　　　　　　　　　　　　　　　　　　　　　　　　　（　　）

　　三、制单题

　　根据任务描述的内容，广兴物流仓储1部经理曾欢安排仓管员梁衡根据CK001仓库日用品区的储位分配原则和仓库内现有的储位情况，对入库单中的货物进行储位安排。在入库验收的时候发现防护口罩（KN95）损坏5箱、防护口罩破损4箱，其他物品正常。经和展月电子商务有限公司沟通，同意把验收合格的货物安排入库。梁衡根据入库的货物的实际情况进行储位安排后，要求操作员杨清将全部合格的货物按照安排的储位进行上架。

　　任务：以广兴物流公司仓管员梁衡的身份缮制作业单号为CWFP001的储位分配单，并以操作员杨清的身份在完成货物上架后对储位分配单进行反馈。

任务3
填制移库单

任务目标

◇逐渐形成吃苦耐劳的品质与认真细致的意识;
◇了解移库单的内涵与作用;
◇掌握移库单的流转;
◇能按照业务要求规范填制移库单。

任务描述

2022年4月5日,广兴物流有限公司物流中心CK001仓库由于有新的安排规划,需将以下货品移库到CK012仓库,移库信息见表2-3-1。

表 2-3-1　广兴物流 CK012 仓库的移库信息

广兴物流中心的移库信息						
序号	货品编号	货品名称	规格	单位	计划数量	备注
1	SSSD001	牙膏120 g	100 支/箱	箱	7	
2	SSSD002	牙膏150 g	50 支/箱	箱	11	
3	SSSD003	牙膏80 g	100 支/箱	箱	6	
4	SSSD004	牙膏100 g	100 支/箱	箱	3	

广兴物流中心需要将上述货品从CK001仓库移库到CK012仓库,制单及实际出库作业均由CK001仓库管理员王小飞负责。为了提高仓库利用率,需对CK001仓库日用品区 A0001储位上的10箱牙膏80 g 移库至该区A0012储位。王小飞安排操作员金元负责移库作业。中午11:00,金元使用一辆电动叉车完成移库作业,货物数量与包装均正常。

任务:以广兴物流中心仓管员王小飞的身份制作移库单。

任务实施

一、悟素养

物流A公司物流中心需接收来自物流B公司的一批移库货物,该仓库管理员在接收时发现其中SSSD001牙膏120 g少了一箱。由于急着下班,该管理员直接把现有到货数量的货物入库上架,准备第二天上班再与请求移库的物流公司联系。第二天物流B公司仓库以目的仓库已经入库为由,拒绝承认漏发货物,给所在物流公司造成损失。

阅读后,与同学、老师分享你的所感所思。

1.发生该事件的主要原因是什么?

_____

_____

2.你认为作为一名仓管员要具备什么素质才能避免同类事件的发生?

_____

_____

_____

二、练技能

（一）角色分配

学生分为学习小组,每组4~6人,分别担任仓管员和操作员,共同完成任务,见表2-3-2。

岗位职责

表 2-3-2 任务分工表

岗位	岗位职责	成员姓名
源仓库仓管员		
操作员		
目的仓库仓管员		

根据全班同学情况进行分组,由各组自选组长,并报告老师。由组长给本组成员分配任务,并组织成员完成移库单的填制。

移库单 1 参考答案二维码

（二）技能展示

步骤1:教师下达任务,任务简剖。

教师根据任务描述的信息给学生进行简单的解释。

步骤2:检查库存,接受移库请求,制作移库单。

仓管员黄小飞接到移库请求后,首先对货物库存进行查询,确认该货物可以按照请求数量进行移库。同时编制编号为YKD2022040501的移库单,见表2-3-3移库单①、②、③,并安排操作员金涛进行移库出库作业。

同时,仓管员王小飞对库区内货物的储位进行调整,填制编号为YKD2022040502的移库单,见表2-3-4移库单①、②、③,也交给金元进行移库作业。

移库单 1 样式

步骤3:操作员根据移库单进行货物移库、出库处理。

操作员金元根据两张移库单进行货物下架及出库作业,货物数量及包装均正常。作业完毕后,金元分别在移库单1"实发数量"和移库单2"实拣数量和实存数量"上进行反馈,见表2-3-3移库单④、⑥及表2-3-4移库单④、⑤。10箱牙膏80 g由A00001下架后随即上架至A0012,移库作业完成。

移库单 1 填单要求

步骤4:收货仓库进行验收。

当天，CK012仓库接到移库货物，仓管员王小飞根据移库单验收货物，确认货物名称、规格、单位和数量等是否一致，在移库单YKD2022040501上填写货物的实收数量，并在"收货人"一栏签名，完成移库单的填制，见表2-3-3移库单⑤、⑦。

表 2-3-3　不同仓库间的移库单（移库单 1）

① 移库单					
发货仓库：		收货仓库：		编号： 制单日期：	
货物编号	货物名称	单位	请发数量	实发数量	实收数量
②				④	⑤
发货仓库填写			⑦ 收货仓库填写		
制单人	③		收货人		
出库人	⑥				
发货日期			收货日期		

表 2-3-4　同一仓库内的移库单（移库单 2）

① 移库单							
						编号：	
下达日期					执行日期		
调用资源							
资源名称		负责人		数量			
货品信息							
品名	单位	源位置	目标位置	应拣数量	实拣数量	实存数量	备注
②							④
制单人	③			移库作业人	⑤		

三、学理论

（一）移库单的内涵

移库是根据需求调整库存储位的一种手段。移库单就是对货物进行移库的指令,也是仓库间进行货物转移的凭据。

移库单有两种类型,一种是在不同仓库间的调拨使用的;另一种是在仓库内储位的调整使用的。见表2-3-3不同仓库间的移库单和表2-3-4同一仓库内的移库单。

移库单 2 参考答案　移库单 2 样式　移库单 2 填单要求

（二）移库作业流程

首先由仓管员根据任务编制移库单,随后交给操作员进行移库作业,仓管员、操作员、收货员分别按要求在移库单上进行反馈,如图2-3-1所示。

编制移库单　→　移库作业　→　移库单反馈

图2-3-1　移库作业流程图

（三）移库单的流转

移库单的流转,如图2-3-2所示。

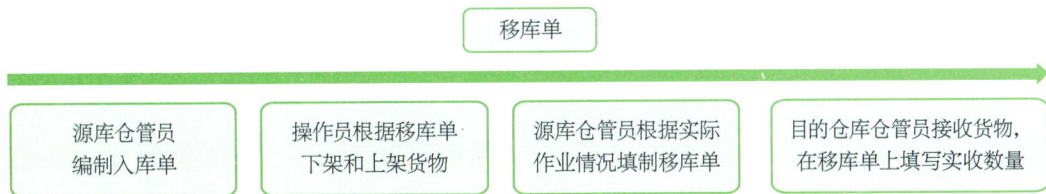

移库单

| 源库仓管员编制入库单 | 操作员根据移库单下架和上架货物 | 源库仓管员根据实际作业情况填制移库单 | 目的仓库仓管员接收货物,在移库单上填写实收数量 |

图2-3-2　移库单流转图

（四）移库单填制的注意事项

1.区分两种移库单,不同样式的移库单对应不同的移库类型。

2.货物未移库到目的仓库时,仓管员只能填写请发数量和实发数量,不能填写实收数量。

3.为分清责任,跨仓库间的货品移库需要明确请发数量、实发数量(即源仓库出库数量)以及目的库实收数量,做好货品数量及包装的复核,以保证在库货品的质量。

4.仓管员应根据实际移库情况进行实际数量填写,注意请发数量、实发数量和实收数量是否一致,如有不一致,立即与源仓库联系。仓管员在货物验收时发现货物破损,破损货物数量不计入移库实际数量。

四、促评价

小组名称							
成员名字							
评分标准		考评项目	分值	评分依据		自我评价	组长评价
	素养	能积极思考小事件并回答问题	30	小组成员全部完成所感所思：30分			
				小组成员部分完成所感所思：20分			
				小组成员全部未完成所感所思：0分			
		小组合作	10	完成安排的任务并帮助组员：10分			
				没完成安排的任务：0分			
	技能	正确填制移库单	30	15个以上：30分			
				10~15个：20分			
				10个以下：10分			
	理论	能描述移库单的流转	30	完全正确：30分			
				基本正确：20分			
				完全错误：0分			
实际得分							
考核结果							

此评价表考核结果：自我评价占40%，组长评价占60%。

▢ 巩固提高

一、单选题

1.（　）就是对货物进行移库的指令,也是仓库间进行货物转移的凭据。

A.入库单　　　　　　B.出库单　　　　　C.移库单　　　　　　D.盘点单

2.移库单有（　）种类型。

A.一　　　　　　　　B.二　　　　　　　C.三　　　　　　　　D.四

3.不同仓库间使用的移库单中实收数量应由（　）填写。

A.源仓库管理员　　　B.操作员　　　　　C.目的仓库管理员　　D.信息员

4.编制移库单后的作业环节是（　　）。

A.移库作业　　　B.移库反馈　　　C.上架作业　　　D.搬运作业

5.进行移库作业时，填写移库货物原来所在的货区及储位名称的是（　　）。

A.源位置　　　　B.目标位置

二、判断题

1.移库请求数量为10箱，仓管员没有进行货物库存查询就接受移库请求。　　　（　　）

2.移库的目的是腾出仓库空间。　　　（　　）

3.货物移库到目的仓库时，仓管员只能填写请发数量和实发数量，不能填写实收数量。

（　　）

4.为分清责任，跨仓库间的货品移库需要明确请发数量、实发数量（即源仓库出库数量）以及目的库实收数量，做好货品数量及包装的复核，以保证在库货品的质量。　　　（　　）

5.仓管员在货物验收时发现货物破损，破损货物数量需要计入移库实际数量。　　　（　　）

三、制单题

2022年4月6日，广兴物流公司仓管员黄鑫接到通知，需对仓库库位进行调整，要求用一台叉车和一名操作员把日用品区A0023储位的10箱纸巾移到日用品区A0300储位上。当天上午，操作员李龙按照移库单进行操作，在移库过程中叉车操作失误，在日用品区A0300储位上架时1箱纸巾包装破损。

任务：根据以上信息，以广兴物流公司仓库保管员黄鑫的身份编制单号为YKD20220406的移库单。注意：该任务应使用哪种类型的移库单。

任务4
填制拣货单

任务目标

◇逐渐形成吃苦耐劳的品质与认真细致的意识；
◇了解拣货单的内涵；
◇了解拣货单的流转；
◇会规范填制拣货单。

任务描述

　　2022年4月28日，广兴物流收到展月电子商务有限公司的货物运输业务，委托其运输一批小猪佩奇过家家玩具到广东南沙玩具有限公司。2022年4月29日，广兴物流有限公司客户经理李飞将发货通知交接给仓储部专门负责南沙玩具库存货品的仓管员陈珊，准备这批货物的出库操作。发货通知单的信息见表2-4-1。

表 2-4-1　发货通知单

发货通知单						
发货通知单号: AFS202204290001 收货客户: 广东南沙玩具有限公司 收货人电话: (020)826431×× 发货地址: 广州市番禺区桥南路××号				收货地址: 南沙港货运码头 发货仓库: 广兴物流有限公司		
序号	货品编号	货品名称	规格	单位	计划数量	备注
1	XQB45-402G	小猪佩奇过家家玩具	20个/箱	箱	150	
合计					150	
制单人: 王鑫		审核人: 赵宁		第1页　共1页		

　　陈珊首先根据发货通知单查询库存情况，南沙玩具货品存放在仓库编号为Y006的西区7号库，查询库存情况见表2-4-2。

表 2-4-2　部分货物库存信息

库区	货位	货品编号	货品名称	规格	单位	库存数量	批次	入库日期
玩具6区	A11005	YRB23-876G	儿童积木	20 个/箱	箱	45	202202	2022-02-01
玩具6区	A11008	YRB30-322S	陀螺玩具战车	20 个/箱	箱	40	202202	2022-01-01
玩具7区	A01001	XQB45-402G	小猪佩奇过家家玩具	20 个/箱	箱	50	202201	2022-01-11
玩具7区	A01002	XQB45-402G	小猪佩奇过家家玩具	20 个/箱	箱	50	202202	2022-02-11
玩具7区	A02001	XQB45-402G	小猪佩奇过家家玩具	20 个/箱	箱	50	202204	2022-04-01
玩具7区	A02004	XQB45-402G	小猪佩奇过家家玩具	20 个/箱	箱	50	202202	2022-02-27
玩具7区	A03005	XQB45-402G	小猪佩奇过家家玩具	20 个/箱	箱	50	202202	2022-02-01
玩具8区	A02002	XQB45-402G	小猪佩奇过家家玩具	20 个/箱	箱	50	202203	2022-03-11
玩具8区	A09001	XPB30-121S	玩具电子手表	15 个/箱	箱	45	202201	2022-01-01

　　仓管员陈珊根据以上库存信息编制了单号为CKJ20220429的"出库单"，同时于2022年4月29日编制了作业单号为RJ20220429的"拣货单"，其中"拣货单"交给拣货组李锐进行拣货作业。当天下午，拣货员李锐按"拣货单"完成所有拣货作业，并根据拣货情况对"拣货单"进行反馈，所需货品没有出现库存不足等异常情况。张丽作为复核员复核拣货单。

　　任务：以广兴物流有限公司仓管员陈珊的身份为执行拣货任务准备"拣货单"。

任务实施

一、悟素养

　　某物流公司一名拣货员在进行拣货时，精神不集中，没有按照拣货单和手持终端的信息进行货物拣选操作，复核人员和拣货人员关系好，也没进行复核操作，导致多拣三件货物，拣选货物直接放到发货区，商品发货后给公司造成损失。

　　阅读后，与同学、老师分享你的所感所思。

　　1.发生该事件的主要原因是什么？

2.你认为作为一名拣货员和复核人员要具备什么素质才能避免同类事件的发生?

_____

_____

岗位职责

二、练技能

（一）角色分配

学生分为学习小组，每组4~6人，分别担任仓管员、拣货员和复核员，共同完成任务，见表2-4-3。

表 2-4-3　任务分工表

岗位	岗位职责	成员姓名
仓管员		
拣货员		
复核员		

根据全班同学情况进行分组，由各组自选组长，并报告老师。由组长给本组成员分配任务，并组织成员完成拣货单的填制。

（二）技能展示

步骤1: 教师下达任务，任务简剖。

教师根据任务描述的信息给学生进行简单的解释。

步骤2: 拣货前的准备工作。

接到供应商展月电商的发货通知单后，广兴物流公司的客户部经理李飞将发货通知单交给仓储部专门负责南沙玩具库存货品的仓管员陈珊，陈珊首先根据发货通知单查询库存情况，得知南沙玩具货品存放在仓库编号为Y006的西区7号库。仓管员陈珊根据以上库存信息编制了单号为CKJ20220429的"出库单"，同时于2022年4月29日编制了作业单号为RJ20220429的"拣货单"，见表2-4-4拣货单。

步骤3: 仓管员根据发货通知单缮制拣货单。

1.仓管员陈珊根据发货通知单的安排填写拣货单号，并按照任务描述中编号为CKJ20220429的出库单填写货主名称、仓库编号和制单日期，见表2-4-4拣货单①。

拣货单答案

2.仓管员陈珊根据任务描述中的货物库存情况填写库区、储位、货品编号、货品名称、规格、单位、应拣数量、实拣数量，见表2-4-4拣货单②。

3.仓管员陈珊审核完毕后在"制单人"一栏签名，见表2-4-4拣货单③。

步骤4: 拣货员进行货物分拣，复核人员进行复核，完成拣货单的编制。

拣货员进行货物分拣，并在实拣数量一栏中填写数量，拣货后在"拣货员"一栏中签名确认，见表2-4-4拣货单④。复核人员检查库区、储位、货品编号、货

拣货单填单要求

物名称、规格、单位和数量等是否一致，并在"复核员"一栏签名，完成拣货单的填制，见表2-4-4拣货单⑤。

表 2-4-4　拣货单

拣货单									作业单号：	
① 货主名称					出库单号					
仓库编号					制单日期					
②序号	库区	储位	货品编号	货品名称	规格	单位	应拣数量	实拣数量	备注	
制单人 ③		拣货员 ④				复核员 ⑤				

三、学理论

（一）拣货作业的定义

拣货作业是物流中心作业的核心环节，依据顾客的订货要求或配送中心的送货计划，尽可能迅速、准确地将商品从其储位或其他区域拣取出来，并按一定的方式进行分类、集中、等待配装送货的作业流程。简单地说，就是把货物从仓库拣出来后，搬运到发货区的过程。

拣货单样式

（二）拣货单的内涵

拣货单是指把原始的用户订单输入计算机进行拣货信息处理后打印出来的方式。这种方式的优点是避免传票在拣货过程中受污损，并能把产品储位编号显示在拣货单上。

拣货策略

（三）拣货单的流转

拣货单的流转，如图2-4-1所示。

图2-4-1　拣货单流转图

（四）拣货单填制注意事项

1.作业单号：填写拣货作业单号。

2.仓库编号：填写进行拣货作业的仓库编号，内容必须完全以题干中所提供的信息为准。

3.制单日期：填写制作拣货单的日期，格式为"YYYY年MM月DD日"，如：2022年01月01日。

4.序号：填写阿拉伯数字，如1，2，3……

5.货品编号：填写货品的编号，内容必须完全以题干中所提供的信息为准。

6.应拣数量：填写货品应出库数量，内容必须完全以题干中所提供的信息为准。

7.实拣数量：填写实际拣货的数量。

8.备注：根据题目信息填写，不涉及则不填。

四、促评价

小组名称							
成员名字							
评分标准		考评项目	分值	评分依据	自我评价	组长评价	
	素养	能积极思考小事件并回答问题	30	小组成员全部完成所感所思：30分			
				小组成员部分完成所感所思：20分			
				小组成员全部未完成所感所思：0分			
		小组合作	10	完成安排的任务并帮助组员：10分			
				没完成安排的任务：0分			
	技能	正确填制拣货单	30	15个以上：30分			
				10~15个：20分			
				10个以下：10分			
	理论	能描述拣货单的流转	30	完全正确：30分			
				基本正确：20分			
				完全错误：0分			
实际得分							
考核结果							

此评价表考核结果：自我评价占40%，组长评价占60%。

巩固提高

一、单选题

1.拣货策略分为订单别拣取、(　　)和复合拣取三种。

A.成组拣取　　　　B.成批拣取　　　　C.批量拣取　　　　D.大量拣取

2.(　　)是物流中心作业的核心环节,依据顾客的订货要求或配送中心的送货计划,尽可能迅速、准确地将商品从其储位或其他区域拣取出来,并按一定的方式进行分类、集中、等待配装送货的作业流程。

A.拣货作业　　　　B.入库作业　　　　C.移库作业　　　　D.出库作业

3.(　　)是针对每一张订单,拣选人员或拣选工具巡回于各个存储点将客户所订购的商品取出,完成货物配备的方式,是较传统的拣货方式。

A.播种式　　　　　B.摘果式　　　　　C.复合式　　　　　D.综合式

4.进行拣货作业时,拣货要求按先进先出的原则进行拣货出库作业,可乐分别存放在1010101储位与1010102储位,1010101储位的可乐入库日期为2022年01月02日,1010102储位的可乐入库日期为2021年12月02日,因此拣货时先拣选的是(　　)储位。

A.1010101　　　　B.1010102　　　　C.1020101　　　　D.1020102

5.用户之间的共同需求不是主要的,当差异很大时,采用的拣货方式是(　　)。

A.播种式　　　　　B.摘果式　　　　　C.复合式　　　　　D.综合式

二、判断题

1.订单别拣取是把多张订单集合成一批,按照商品类别将数量分别加总后再进行拣货,并按客户的订单作分类处理的拣选作业方法。　　　　　　　　　　　　　　　　　　(　　)

2.摘果式是把多张订单集合成一批,按照商品类别将数量分别加总后再进行拣货,并按客户的订单作分类处理的拣选作业方法。　　　　　　　　　　　　　　　　　　　(　　)

3.拣货员没有完成拣货作业也需要填写实拣数量。　　　　　　　　　　　　(　　)

4.拣货员进行拣货作业时应遵循拣货的原则进行拣货。　　　　　　　　　　(　　)

5.拣货作业不是物流中心作业的核心环节。　　　　　　　　　　　　　　　(　　)

三、制单题

你作为广百仓储的一名拣货员,2022年4月23日,仓管员张斯接到客户(佳美集团)的一次出库通知,出库单号为CDZ20220423,要求出库风扇15台,规格为1台/箱。当前库存情况如下:

01,C07库房,A000018货位,XDZ42-301G货品编号,风扇,10台,批次:20220105;

02,C07库房,A000017货位,XDZ42-301G货品编号,风扇,10台,批次:20220420。

风扇要求按批次先进先出原则进行管理,仓库编号为Z01东区5号库,据此制作拣货单。复核员为黄宁。

任务:根据以上信息以广百仓储拣货员李奇的身份编制单号为JDP001的拣货单。

任务5
填制盘点单

任务目标

◇逐渐形成吃苦耐劳的品质与认真细致的意识；
◇了解盘点单的内涵和作用；
◇掌握盘点单的流转；
◇会规范填制盘点单。

任务描述

　　根据广兴物流有限公司日清日结的规定，2022年5月5日下班前，盘点员林思根据表2-5-1中的账面库存信息对广兴物流有限公司2号仓库家电5区货架上的货品进行盘点，盘点时发现B50403货位少了一台空调，并由复盘员刘洋负责复核，盘点结束后由仓库主管李宁进行核对，并统计汇总，见表2-5-1。

表 2-5-1　2 号仓库家电 5 区货物的库存情况

库区	货位	货品编号	货品名称	规格	单位	库存数量	批次	入库日期
家电5区	A50507	501103	冰箱 BCD-118TMPA	536 mm×475 mm×1136 mm	台	10	20210402	2021-09-06
家电5区	A50508	501103	冰箱 BCD-118TMPA	536 mm×475 mm×1136 mm	台	11	20210428	2021-08-06
家电5区	B50401	501103	空调（1.5匹）KFR-35GW	865 mm×290 mm×196 mm	台	8	20210224	2021-04-06
家电5区	B50402	503305	空调（1.5匹）KFR-35GW	865 mm×290 mm×196 mm	台	9	20210320	2021-08-06
家电5区	B50403	503305	空调（1.5匹）KFR-35GW	865 mm×290 mm×196 mm	台	7	20210128	2021-06-06
家电5区	C50404	505216	液晶电视 L43M7-EA	1157 mm×730 mm×152 mm	台	10	20210502	2021-07-06
家电5区	C50405	505216	液晶电视 L43M7-EA	1157 mm×730 mm×152 mm	台	11	20210602	2021-10-06

　　任务：以广兴物流有限公司信息员张丰、盘点员林思、复盘员刘洋和仓库主管李宁的身份填制2号仓库家电5区的盘点单（盘点单号为RDD000505001）。

任务实施

一、悟素养

某物流公司仓储部一名仓管员由于在盘点时玩游戏，没有认真盘点商品，导致盘点数量与库存数量不符，给公司造成损失。

阅读后，与同学、老师分享你的所感所思。

1.发生该事件的主要原因是什么？

_____

_____

2.你认为作为一名仓管员要具备什么素质才能避免同类事件的发生？

_____

_____

岗位职责

二、练技能

（一）角色分配

学生分为学习小组，每组4~6人，分别担任信息员、盘点员、复盘员和仓库主管，共同完成任务，见表2-5-2。

表 2-5-2　任务分工表

岗位	岗位职责	成员姓名
信息员		
盘点员		
复盘员		
仓库主管		

根据全班同学情况进行分组，由各组自选组长，并报告老师。由组长给本组成员分配任务，并组织成员完成盘点单的填制。

（二）技能展示

步骤1：教师下达任务，任务简剖。

教师根据任务描述的信息给学生进行简单的解释。

步骤2：盘点前的准备工作。

确定盘点对象为2号仓库家电5区，制订盘点计划，进行人员分工，确定信息员、盘点人员、复盘人员和仓库主管等，并由相关人员进行签名明确责任。

步骤3：信息员根据2号仓库家电5区货物的库存情况缮制盘点单。

1.信息员张丰根据2号仓库家电5区货物的库存情况缮制盘点单号、制单日期和仓库编号，见表2-5-3盘点单①。张丰按照库存情况填写库区、储位、货品编号、

盘点单答案

货品名称、规格、单位和库存数量,见表2-5-3盘点单②。

 2.信息员张丰审核完毕后在"制单人"一栏签名,见表2-5-3盘点单③。

 步骤4: 盘点员、复盘员和仓库主管进行盘点工作。

盘点单填单
要求

 盘点员林思进行盘点,把盘点的商品按照实际数量填写,见表2-5-3盘点单④,接着签名确认,见表2-5-3盘点单⑤。复盘员刘洋对清点结果进行复核,然后签名确认,见表2-5-3盘点单⑥,仓库主管重新盘点并更正初盘数据,然后签名确认,见表2-5-3盘点单⑦,最后完成盘点单的编制。

表 2-5-3　盘点单

盘点单										
① 盘点单号:										
仓库编号					制单日期					
货品信息										
库区	储位	货品编号	货品名称	规格	单位	库存数量	实际数量	盈亏数量	损坏数量	备注
②							④			
制单人签字 ③				盘点人签字 ⑤						
复盘人签字 ⑥				仓库主管签字 ⑦					第1页 共1页	

三、学理论

（一）盘点单的内涵

 盘点单是定期或不定期地对仓库各个库位进行清点,并记录账面数量与实际清点数量差异的单据。货品因不断进出库,在长期的累积下库存资料容易与实际数量产生不符的现象。或者有些产品因存放过久、不恰当,致使品质机能受影响,难以满足客户的要求。它是企业准确地掌握库存数量的重要凭证。

盘点单样式

（二）盘点的作用

 通过盘点,可以提高仓储管理的水平,具体作用表现在以下几个方面:

 1.通过盘点公司各部门内现存物品的实际数量,然后和系统账面上记录的出入库及库存记录进行核实,找出产生差异的原因,及时采取措施加以补救。

 2.通过盘点,能了解产品在处理上的漏失,查出工序衔接问题及不良库存产品,并及时采取措施进行防范。

 3.通过盘点可以确认生产过程的结存账目,便于PMC和生产部对盘点结果

盘点的方法

进行规划,同时便于财务部核算库存成本。

4.库存物料总金额直接反映企业流动资产的使用情况,库存量过高,流动资金的正常运转将受到威胁,而库存金额又与库存量及其单价成正比,盘点就可以准确地计算出企业实际损益。

（三）盘点单的流转

盘点单的流转,如图2-5-1所示。

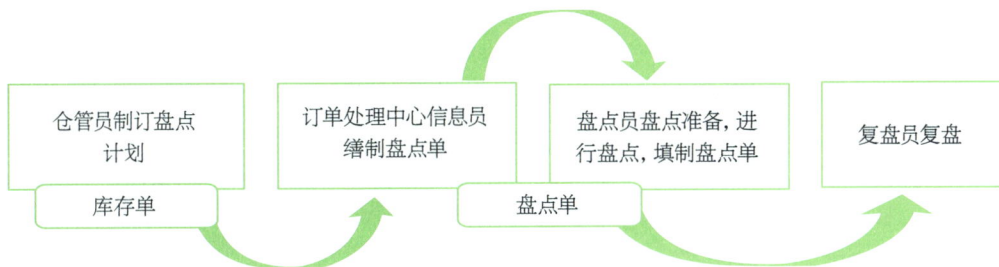

图2-5-1　盘点单流转图

（四）盘点单填制注意事项

1.盘点单号:该单号为编写"盘点单"的编号。

2.仓库编号:填写实施盘点的仓库的编号。

3.制单日期:填写制单当天的日期,如2022年01月01日。

4.库区、储位编号:填写实施盘点的实际库区、储位编号。

5.货物编号、货品名称、规格、单位、库存数量:按照盘点的实际情况填写。

6.实际数量、损坏数量:由盘点人员实际盘点后按盘点结果填写。

7.盘盈数量:盘盈时由盘点人员填写盘盈数量,如:+1。

8.盘亏数量:盘亏时由盘点人员填写盘亏数量,如:-1。

9.备注:如无特殊说明,则此处不需填写。

四、促评价

小组名称						
成员名字						
评分标准	考评项目		分值	评分依据	自我评价	组长评价
	素养	能积极思考小事件并回答问题	30	小组成员全部完成所感所思:30分		
				小组成员部分完成所感所思:20分		
				小组成员全部未完成所感所思:0分		

续表

评分标准	考评项目		分值	评分依据	自我评价	组长评价
	素养	小组合作	10	完成安排的任务并帮助组员: 10分		
				没完成安排的任务: 0分		
	技能	正确填制盘点单	30	15个以上: 30分		
				10~15个: 20分		
				10个以下: 10分		
	理论	能描述盘点单的流转	30	完全正确: 30分		
				基本正确: 20分		
				完全错误: 0分		
实际得分						
考核结果						

此评价表考核结果: 自我评价占40%, 组长评价占60%。

🔲 巩固提高

一、单选题

1.(　　)是定期或不定期的对仓库各个库位进行清点并记录账面数量与实际清点数量差异的单据。

A.盘点单　　　　　　B.入库单　　　　　C.移库单　　　　　D.拣货单

2.进行货物盘点时, 实际数量为30箱, 账目数量为28箱, 那么盘点员应填写(　　)数量。

A.盘亏数量　　　　　B.盘盈数量

3.进行货物盘点时, 实际数量为20箱, 账目数量为22箱, 那么盘点员应在盘亏数量栏填写(　　)。

A.+2　　　　　　　　B.-2　　　　　　　C.0　　　　　　　D.4

4.(　　)是指对在库货物进行全面的盘点清查, 多用于清仓查库或年终盘点。

A.重点盘点法　　B.循环盘点法　　　C.全面盘点法　　　D.临时盘点法

5.(　　)是指对进出频率较高或易损耗的、或昂贵的货物所用的一种盘点方法。

A.重点盘点法　　B.循环盘点法　　　C.全面盘点法　　　D.临时盘点法

二、判断题

1.动态盘点法是指对在库货物进行全面的盘点清查, 多用于清仓查库或年终盘点。(　　)

2.临时盘点法又称突击性盘点, 是指在台风、梅雨、严冬等灾害性季节进行临时性突击盘点。

(　　)

3.进行盘点作业时,只需要填写盘盈与盘亏数量,损坏数量不需要填写。 (　　)

4.通过盘点,能了解产品在处理上的漏失,查出工序衔接问题及不良库存产品,并及时采取措施进行防范。 (　　)

5.实际数量、损坏数量,由盘点人员实际盘点后按盘点结果填写。 (　　)

二、制单题

根据广兴物流有限公司日清日结的规定,2022年5月10日下班前,仓管员林思根据表2-5-1中的账面库存信息对广兴物流有限公司2号仓库家电5区货架上的货品进行盘点,并由复盘员刘洋负责复核,复盘时发现A50507的货位上的冰箱BCD-118TMPA少了一台,C50404的货位上的液晶电视少了三台,盘点结束后由仓库主管李宁进行核对,并统计汇总。

任务:以广兴物流公司信息员张丰、仓管员林思、复盘员刘洋和仓库主管李宁的身份填制2号仓库家电5区的盘点单(盘点单号为RDJ000510002)。

任务6
填制出库单

任务目标

◇逐渐形成吃苦耐劳的品质与细致认真的意识;

◇了解出库单的内涵与作用;

◇掌握出库单的流转;

◇会规范填制出库单。

任务描述

2022年5月23日,广兴物流仓储1部信息员刘一收到展月电子商务有限公司的发货通知单,查询日用品库RYPK001的库存量后,得知编号为HPBH001的医疗手套、HPBH003的防护口罩、HPBH006的防护口罩(KN95)的库存量能满足出库要求,并安排仓管员黄衡进行出库作业。"发货通知单"的信息见表2-6-1。

表 2-6-1 发货通知单

发货通知单号: FHTZD20220523			收货地址: 广州市天河南路××号		
收货客户: 展月电子商务有限公司			收货人电话: 020-855155××		
收货人: 王天			发货仓库: 广兴物流有限公司		
发货日期: 2022年05月23日			仓库地址: 广州市番禺区桥南路××号		
仓库类别: 第三方物流仓库			仓库电话: 020-866166××		
仓库联系人: 张衡					

序号	货品名称	规格	单位	计划数量	实际数量	备注
1	医疗手套	L码×20盒	箱	50		
2	防护口罩	M码×50盒	箱	30		
3	防护口罩(KN95)	L码×50盒	箱	25		
合计				105		
制单人: 陈乐		审核人: 曾华			第1页 共1页	

黄衡于当天下午把"出库单"和出库的货品一起交给配送部,由配送部进行配送。配送员配送到要货门店,由收货人黄明进行验收,所收货品与出货单一致,在"出库单"上进行反馈。

任务: 以广兴物流公司信息员刘一的身份缮制作业单号为CKD001的出库单,并由仓管员黄衡对出库单进行反馈。

任务实施

一、悟素养

某物流公司仓储部一名员工在进行出库拣货时，由于出库货物的品种多数量大，为了减少出库复核时间，没有对出库的货物进行详细的清点和记录，导致实发数量与计划数量不符合，给公司造成损失。

阅读后，与同学、老师分享你的所感所思。

1.发生该事件的主要原因是什么?

_____

_____

2.你认为作为一名仓管员要具备什么素质才能避免同类事件的发生?

_____

_____

岗位职责

二、练技能

（一）角色分配

学生分为学习小组，每组4~6人，分别担任信息员和仓管员，共同完成任务，见表2-6-2。

表 2-6-2　任务分工表

岗位	岗位职责	成员姓名
信息员		
仓管员		
收货人		

根据全班同学情况进行分组，由各组自选组长，并报告老师。由组长给本组成员分配任务，并组织成员完成出库单的填制。

（二）技能展示

步骤1：教师下达任务，任务简剖。

教师根据任务描述的信息给学生进行简单的解释。

步骤2：信息员收到发货通知单，查询货物库存情况。

信息员刘一收到展月电商发来的发货通知单，在仓储管理系统中查询日用品库的库存情况，确定库存量能满足出库需求。

步骤3：信息员缮制出库单。

1.信息员刘一根据发货通知的表头信息缮制编号为CKD001的出库单表头部分，填写货主名称、发货通知单号、收货客户、收货日期、收货地址、收货人、收货人电话等栏目的内容，见表2-6-3出库单①。

2.信息员刘一根据发货通知单中商品的具体情况填制货品信息，包括货品名称、货品编号、

出库单答案

规格、单位、计划数量等内容，制单人检查信息无误后，签名确认，见表2-6-3出库单②。

步骤4：仓管员进行货物复核。

仓管员黄衡安排操作员进行拣货作业，拣货员根据拣货单将货物拣选完毕，送到出库理货区交给仓管员黄衡进行复核。仓管员黄衡清点货物数量，核对货物名称及规格，填写出库单"实发数量"一栏，并在"仓管员"一栏签字确认，见表2-6-3出库单③。

步骤5：收货人签收货物。

收货人黄明收到配送过来的货物，进行货物的验收，确认无误后，在"收货人签收数量"一栏上填写实际签收货品的数量，并在"收货人"一栏签上姓名，见表2-6-3出库单④。

出库单填单要求

表 2-6-3　出库单

出库单								
							出库单号：①	
货主名称	①			发货通知单号				
收货客户				收货日期				
收货地址			收货人			收货人电话		
货品信息								
货品名称	货品编号	规格	单位	计划数量	实发数量	收货人签收数量		备注
②					③	④		
仓管员③			制单人②			收货人④		

三、学理论

（一）出库单的定义

商品出库是商品离开仓库时所进行的验证、配货、点交、复核、登账等工作的总称，是仓库业务活动的最终环节。商品出库应贯彻"先进先出"的原则。

出库单样式

出库单是商家之间互相调货的凭证，是为了方便对账和结算，减少现金支付的一种手段。出库单一般为三联单，第一联白联（仓库留存）、第二联红联（仓管员留存）、第三联黄联（收货人留存）。

（二）商品出库的要求

商品出库要求做到"三不三核五检查"。"三不"，即未接单据不翻账，未经审单不备货，未经复核不出库。"三核"，即在发货时，要核实凭证、核对账卡、核对实物。"五检查"，即对单据和实物要进行品名检查、规格检查、包装检查、件数检查、重量检查。具体地说，商品出库要求严格执行各项规章制度，提高服务质量，使用户满意。它包括对品种规格要求，积极与货主联系，为用户提货创造各

商品出库的形式

种方便条件,杜绝差错事故。

（三）出库单的流转

出库单的流转,如图2-6-1所示。

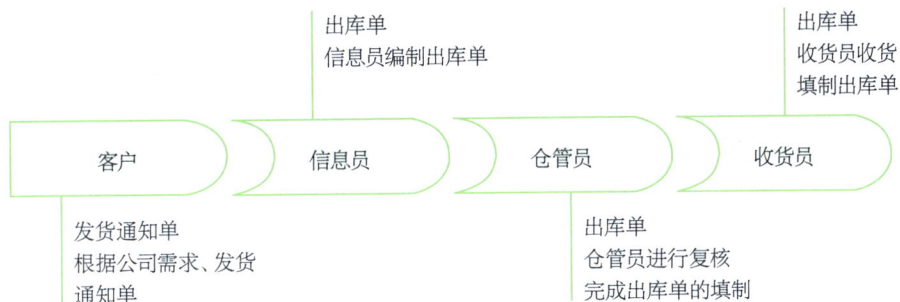

出库单
信息员编制出库单

出库单
收货员收货
填制出库单

| 客户 | 信息员 | 仓管员 | 收货员 |

发货通知单
根据公司需求、发货
通知单

出库单
仓管员进行复核
完成出库单的填制

图2-6-1　出库单流转图

（四）出库单填制注意事项

1.缮制出库单前要先查询库存,确定库存能满足出库需求。

2.货主和收货客户都必须填写单位全称。

3.实发数量必须是实际发货后才填写的实际数量。

4.出库单表头的收货人和表底的收货人的含义不同,表头的收货人是出库的货品到达目的地时的联系人,表底的收货人签字是指收到货物确认无误后签写的姓名。

四、促评价

小组名称						
成员名字						
评分标准	考评项目		分值	评分依据	自我评价	组长评价
	素养	能积极思考小事件并回答问题	30	小组成员全部完成所感所思：30分		
				小组成员部分完成所感所思：20分		
				小组成员全部未完成所感所思：0分		
		小组合作	10	完成安排的任务并帮助组员：10分		
				没完成安排的任务：0分		
	技能	正确填制出库单	30	15个以上：30分		
				10~15个：20分		
				10个以下：10分		

续表

评分标准	考评项目		分值	评分依据	自我评价	组长评价
评分标准	理论	能描述出库单的流转	30	完全正确: 30分		
				基本正确: 20分		
				完全错误: 0分		
实际得分						
考核结果						

此评价表考核结果: 自我评价占40%, 组长评价占60%。

巩固提高

一、单选题

1.(　　)是商家之间互相调货的凭证, 是为了方便对账和结算, 减少现金支付的一种手段。出库单一式多份, 一般为买家、卖家、存根、交易支付, 用不同颜色区分。

A.入库单　　　　　B.出库单　　　　　C.移库单　　　　　D.盘点单

2.出库单一般有三联, 仓管员留存的联为第(　　)联。

A.一　　　　　B.二　　　　　C.三　　　　　D.四

3.商品出库要求做到"三不""三核"与(　　)。

A.三检查　　　　　B.五检查　　　　　C.重点检查　　　　　D.六核查

4.商品出库一般有(　　)种形式。

A.三　　　　　B.四　　　　　C.五　　　　　D.六

5.商品出库一般应贯彻(　　)原则。

A.先进先出　　　　　B.后进先出　　　　　C.不按时间　　　　　D.按批次

二、判断题

1.出库计划数量为30箱, 验收时发现货物破损10箱, 实收数量应填为30箱。 (　　)

2.货物尚未出库, 信息员就填写了货物计划数量与实际数量。 (　　)

3.展月电子商务有限公司(简称展月电商)的货物需办理出库, 信息员在填制出库单时收货客户名称填写为"展月电商"。 (　　)

4.自提是由收货人或其代理持"发货通知单"直接到库提取, 仓库凭单发货, 这种发货形式就是仓库通常所说的提货制。 (　　)

5.填写出库单时, 计划数量与实际数量不符, 不用在备注栏注明原因。 (　　)

三、制单题

2022年5月24日, 吉运物流公司信息部的信息员李丽收到上海电器厂发来的"发货通知单", 发货通知单相关信息见下表。

发货通知单

收货客户: 大润发超市番禺分店　　　　　　　　　编号: FH02230047
收货地址: 广州市番禺区桥南街桥南路××号
收货人: 陈凯　　　　　收货电话: 020-226278××　　发货日期: 2022年5月25日
发货仓库: 吉运物流公司
仓库类别: 第三方物流库
仓库联系人: 王杰　　　　仓库电话: 020-523510××

序号	货物编号	货物名称	规格	单位	计划数量	备注
1	386665	电磁炉FT2101	348 mm×238 mm×407 mm	台	2	
2	501810	电磁炉RT2106	365 mm×390 mm×425 mm	台	3	
3	349949	豆浆机DE12Q11	1.2L	台	4	
合计					9	

制单人: 陈海	审核人: 吴强	第1页　共1页

　　信息员李丽根据"发货通知单"查询系统中库存情况, 库存量足够发货, 于是编制了编号为CDFD104的"出库单", 把出库单发给仓管员李海进行出库作业。

　　任务: 以吉运物流公司信息员李丽的身份编制编号为CKD104的出库单。

任务7
填制退货申请单

任务目标

◇逐渐形成团队合作和细致认真的意识；
◇了解退货申请单的内涵；
◇知道退货申请单制作涉及的岗位及流转程序；
◇能按照业务要求规范填制退货申请单。

任务描述

　　2022年4月13日上午，从供应商广州星月科技有限公司发来的入库通知单，编号为RKTZ2022041301的货物到达广兴物流有限公司物流中心，见表2-7-1。信息员周强根据该入库通知单，编制了编号为RKD2022041301的入库单。该批物料的出入库和在库保管由仓管员黄鑫负责。黄鑫在入库验收时发现货物编号为SSDA1的F1型号蓝牙耳机数量多了1箱，有1箱外包装破损。经与供应商（编号KHBH003）广州星月科技有限公司联系，确认是供应商发货时多发了1箱蓝牙耳机，多发和破损各一箱货物当场由送货司机带回。黄鑫将外观合格的货物存放在编号为KF001的暂存区，并通知质检科质检员李平对这三种货物进行进一步的检验。4月15日，质检员李平开出质检报告，编号为ZJ2022041501，见表2-7-3，有两箱F1蓝牙耳机音质有杂音，不符合采购合同规定，其余货物质量正常。采购部采购员李三与供应商联系后，填制退货申请单，通知仓管部门做退货准备。

表 2-7-1　入库通知单

广州星月科技有限公司 入库通知单							
收货仓库：广兴物流中心 收货人：李飞 发货日期：2022年4月13日				入库通知单号：RKTZ2022041301 收货地点：广州市番禺区桥南路××号 电话：1363144××× 计划到货日期：2022年4月13日			
序号	物料编号	物料名称	规格	单位	计划数量	批次	备注
1	SSDA1	蓝牙耳机	F1	箱	50		
2	SSDA2	蓝牙耳机	F2	箱	10		
3	SSDB1	蓝牙音箱	C1	箱	30		
合计					90		
制单人：李国		审核人：周四			第1页　共1页		

任务：以广兴物流中心采购员李三的身份，填制单号为THD2022041501退货申请单。

任务实施

一、悟素养

某物流公司物流中心需接收一批待入库电脑主板，该仓库管理员在接收时，对货物的数量和包装检查无误后便对货物进行入库。之后这批电脑主板送到用户手中，发现都存在电容虚焊的问题。供应商以当时物流公司已经验收入库为由，对货物质量概不负责。导致该物流公司全额赔偿用户，公司名誉受损。

阅读后，与同学、老师分享你的所感所思。

1.发生该事件的主要原因是什么？

_____

_____

2.你认为作为一名仓管员要具备什么素质才能避免同类事件的发生？

_____

_____

岗位职责

二、练技能

（一）角色分配

学生分为学习小组，每组4~6人，分别担任采购员、仓库员和质检员，共同完成任务，见表2-7-2。

表 2-7-2 任务分工表

岗位	岗位职责	成员姓名
采购员		
仓管员		
质检员		

根据全班同学情况进行分组，由各组自选组长，并报告老师。由组长给本组成员分配任务，并组织成员完成退货申请单的填制。

（二）技能展示

步骤1：教师下达任务，任务简剖。

任务分析：仓库中的退货工作主要由仓管部、质检部、采购部、财务部这四个部门协同完成。具体工作流程如图2-7-1所示。

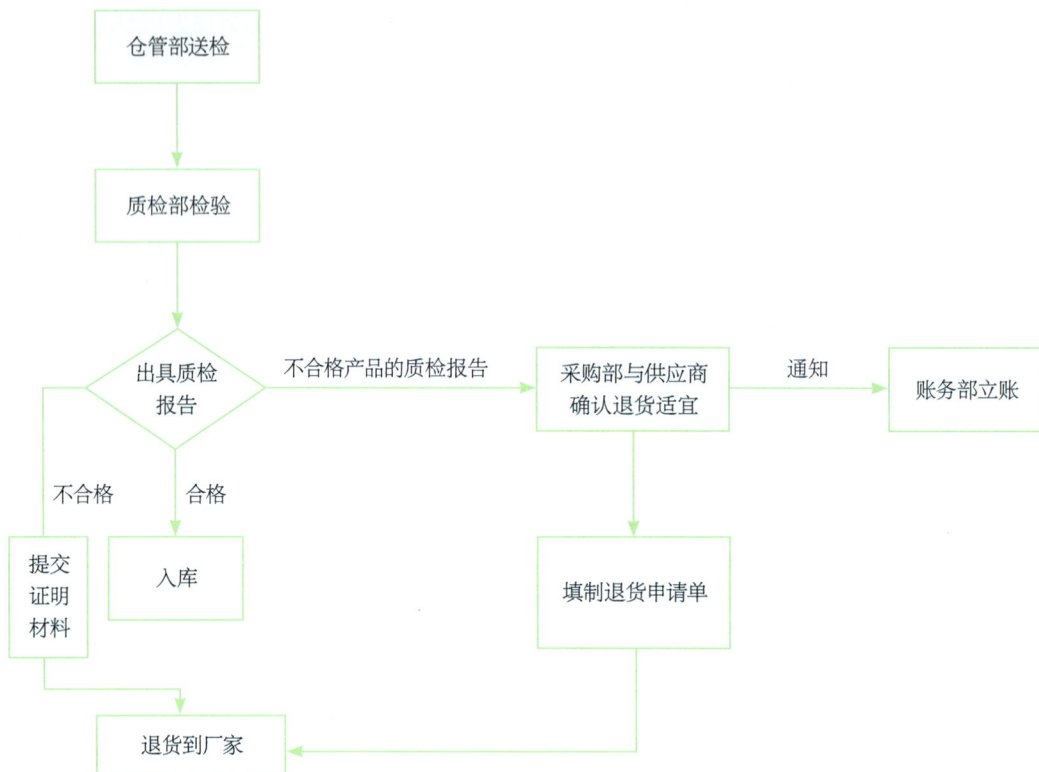

图2-7-1　退货作业流程及涉及的部门示意图

步骤2：入库货物外观检验及送专业部门检验。

入库货物的检验包括三个方面，其中质量检验分两种情况，具体情况及处理方法如图2-7-2所示。

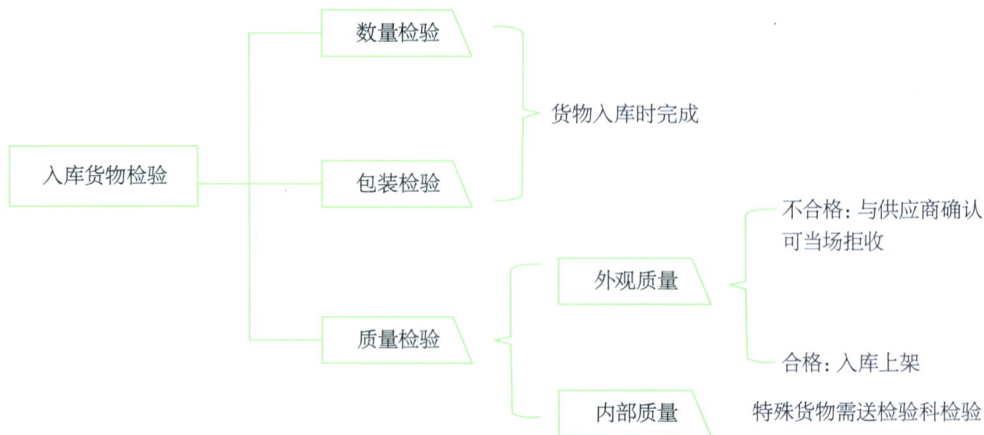

图2-7-2　入库检验的三个方面示意图

本任务中，一箱破损货物及一箱多发货物直接拒收，其他货物属于需进行内部质量检验的货物，因此仓管部需将货物送至检验科进行进一步的测定，以判断是否符合入库要求。

步骤3：检验部检验货物后出具质检报告。

检验部质检员李平对送检货物进行检验，出具检测报告交给仓管部，见表2-7-3。

表 2-7-3　广兴物流中心检测报告

广兴物流中心 检测报告		
		编号：ZJ2022041501
检验货物信息		
样品名称	型号规格	样品数量
蓝牙耳机	F1	50 箱
蓝牙耳机	F2	10 箱
蓝牙音箱	C1	30 箱
供应商送检日期	广州××科技有限公司 2022年4月13日	供应商编号　KHBH003 检测日期　2022年4月14日
送检单位	仓管部	
检测项目	性能检测	
检测方法	全检	
检测结果	有2箱F1蓝牙耳机有杂音，其余货物质量正常	
备注		
检测日期：2022/4/14　　　　审核日期：2022/4/14　　　　审批日期：2022/4/15		

步骤4：采购员填制退货申请单。

仓管部收到质检报告后，与采购部联系，采购员李三填制退货申请单，单号为THD2022041501，在退货申请单上填写清楚退货的原因，其中两箱质量有问题，需填写；一箱多发和一箱破损当场拒收，已拒收的货物不需要在退货申请单上填写，同时根据协议进行退货处理。仓管部在不合格货物贴上"不合格品"的标签，统一放置在退货品区，见表2-7-4。

退货申请单参考答案二维码

退货申请单样式二维码

表 2-7-4 退货申请单

广兴物流中心 退货申请单							
						退货单号:	
客户名称						申请日期	
物料名称	物料编号	规格	单位	退货数量	质检单号	退货原因	备注
制单人		仓库员				第1页 共1页	

步骤5: 供应商提货, 退货作业完成。

2022年4月16日, 供应商取回两箱质量不合格货物, 退货作业完成。

三、学理论

（一）退货申请单的内涵

退货是指由于质量问题、超交等原因, 需将仓库已收货物退回给供应商的一种仓库行为。退货申请单作为退货给供应商时的固定格式的单据, 是对退货作业的指引, 也是退货的凭证。

（二）退货申请单的流转

退货申请单的流转, 如图2-7-3所示。

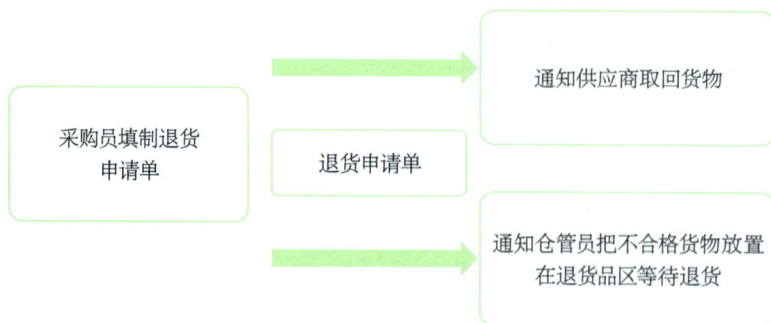

图2-7-3 退货申请单流转图

（三）退货申请单填制注意事项

1.对外观质量有明显问题的货物可当场拒收, 拒收货物不需要填制退货申请单。

2.退货申请单由采购人员填制。

退货申请单 填单要求

3.注意填写清楚退货原因,是质量问题,还是供应商多发了货物的问题。如果是质量问题必须出具质检报告,并根据质检报告填制退货申请单。

四、促评价

小组名称						
成员名字						
评分标准		考评项目	分值	评分依据	自我评价	组长评价
	素养	能积极思考小事件并回答问题	30	小组成员全部完成所感所思: 30分		
				小组成员部分完成所感所思: 20分		
				小组成员全部未完成所感所思: 0分		
		小组合作	10	完成安排的任务并帮助组员: 10分		
				没完成安排的任务: 0分		
	技能	正确退货申请单	30	15个以上: 30分		
				10~15个: 20分		
				10个以下: 10分		
	理论	能描述退货的流程	30	完全正确: 30分		
				基本正确: 20分		
				完全错误: 0分		
实际得分						
考核结果						

此评价表考核结果: 自我评价占40%,组长评价占60%。

巩固提高

一、单选题

1.把不合格的货物退回给供应商需使用的单证是（　　）。

A.入库单　　　　　B.出库单　　　　　C.移库单　　　　　　　D.退货申请单

2.退货申请单应由（　　）填制。

A.采购员　　　　　B.操作员　　　　　C.仓库管理员　　　　　D.财务人员

3.退货申请单作为退货给供应商时的固定格式的单据，是对退货作业的指引，也是（　　）。

A.退货凭证　　　　B.收货凭证　　　　C.查货凭证　　　　　　D.核对凭证

4.验收时发现预计发货数量为50箱，实际到货数量为55箱，与供应商协商后，要求把多发的货物进行退货处理，那么退货数量应为（　　）箱。

A.5　　　　　　　　B.50　　　　　　　C.55　　　　　　　　　D.60

5.填写退货申请单时，客户名称应填写（　　）。

A.物流公司名称　　B.供应商名称　　　C.第三方企业名称　　　D.一个客户名称

二、判断题

1.退货申请单是由仓管员填制并发给供应商。　　　　　　　　　　　　　　（　　）

2.只有质量不合格才需要退货。　　　　　　　　　　　　　　　　　　　　（　　）

3.对外观质量有明显问题的货物可当场拒收，拒收货物不需要填制退货申请单。（　　）

4.一张退货申请单对应一个退货申请单号。　　　　　　　　　　　　　　　（　　）

5.退货申请单的退货原因可以不填写。　　　　　　　　　　　　　　　　　（　　）

三、制单题

2022年4月18日，广兴物流公司收到12箱洗发水（编号SSC01，规格500 mL），仓管员黄鑫根据入库通知单对货物进行验收，发现数量多了一箱，外包装破损两箱。经与供应商广州白洁日用有限公司（编号GYS001）联系，确认多发了一箱，供应商先在物流中心暂存，再通过退货申请手续退回，外包装破损的两箱当场拒收。当天把货物送到质检科进行检验，全部货物检验合格。

任务：根据以上信息以广兴物流公司仓库采购员黄五的身份，编制单号为THD2022041801的退货申请单。

项目 3
运输单证业务

项目综述

　　运输是指用设备和工具，将物品从一个地点向另一个地点运送的物流活动，其中包括集货、分配、搬运、中转、装入、卸下、分散等一系列操作。简单来说，运输就是对物品进行长距离空间的位移。在物流系统的所有动态功能中，运输功能是核心功能之一。

　　运输单证的制作贯穿整个运输过程，是运输过程中必不可少的管理手段之一。运输单证的正确填制与流转，不但可以为运输作业管理提供依据，还可以将单证作为运输管理的控制节点，提高运输管理效率，保证运输管理工作的顺利进行。

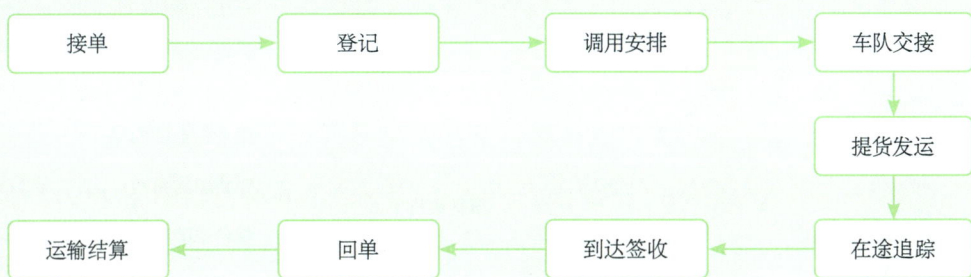

```
接单  →  登记  →  调用安排  →  车队交接
                                    ↓
                                 提货发运
                                    ↓
运输结算 ← 回单 ← 到达签收 ← 在途追踪
```

运输作业流程图

项目目标

素养目标
◇逐渐养成敬业、精益、专注的工匠精神；
◇形成细致严谨的工作作风；
◇培养吃苦耐劳的品质与细致认真的工作态度。

知识目标
◇熟悉运输相关岗位的工作职责；
◇了解运输单据的内涵与作用；
◇掌握运输相关单证的流转。

能力目标
◇会运用运输知识分析业务任务信息；
◇会规范填制运输相关单证；
◇能处理运输相关单证填制时的特殊情况。

□ 项目思维导图

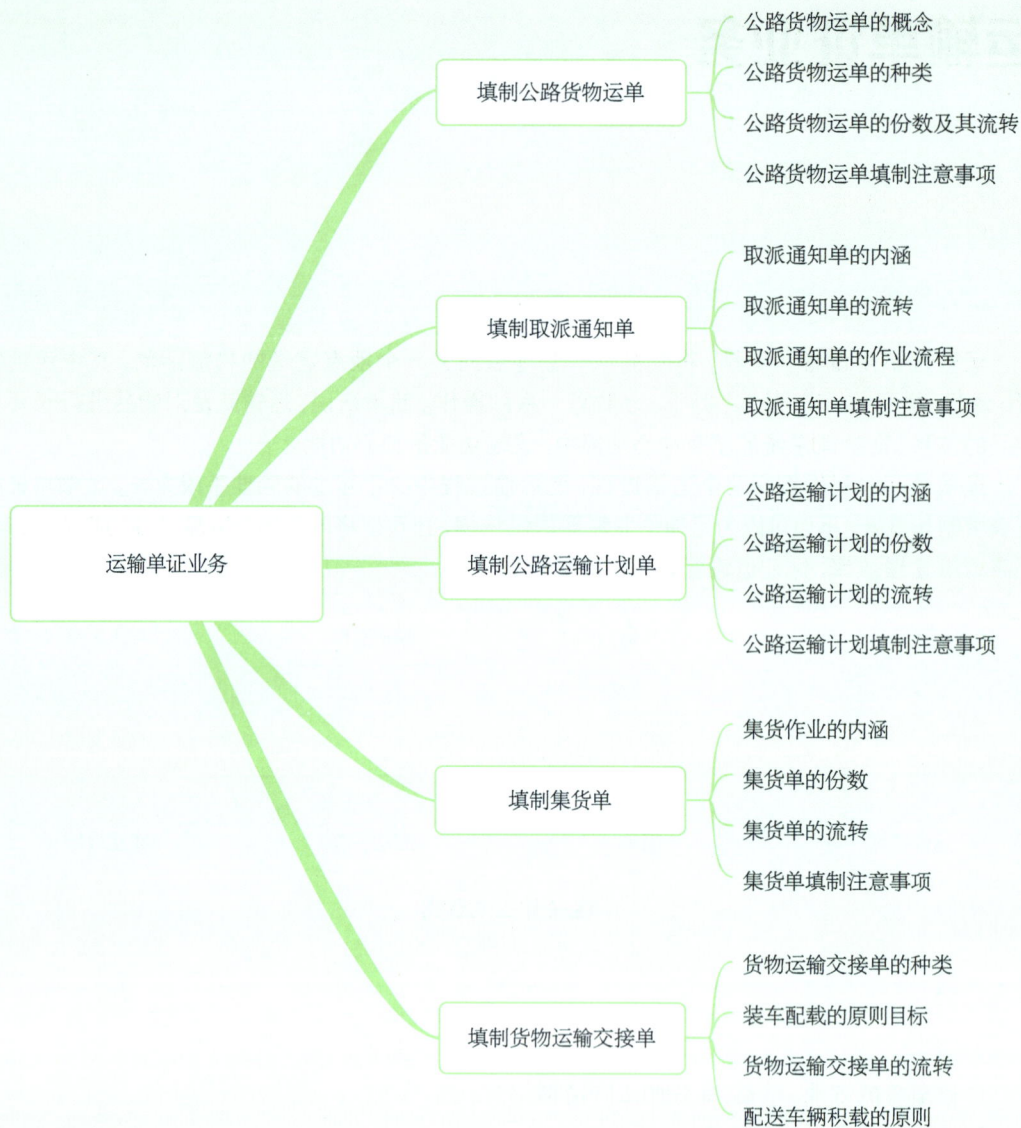

运输单证业务

- 填制公路货物运单
  - 公路货物运单的概念
  - 公路货物运单的种类
  - 公路货物运单的份数及其流转
  - 公路货物运单填制注意事项

- 填制取派通知单
  - 取派通知单的内涵
  - 取派通知单的流转
  - 取派通知单的作业流程
  - 取派通知单填制注意事项

- 填制公路运输计划单
  - 公路运输计划的内涵
  - 公路运输计划的份数
  - 公路运输计划的流转
  - 公路运输计划填制注意事项

- 填制集货单
  - 集货作业的内涵
  - 集货单的份数
  - 集货单的流转
  - 集货单填制注意事项

- 填制货物运输交接单
  - 货物运输交接单的种类
  - 装车配载的原则目标
  - 货物运输交接单的流转
  - 配送车辆积载的原则

□ 项目背景

广兴物流有限公司(简称: 广兴物流)是一家专门从事仓储、配送、运输、国际物流业务的专业第三方物流企业,该物流企业的仓库面积约10万m²,占地约60 km²。运输部门本着为客户降低物流成本及提供高效的物流运输环节的宗旨,为客户提供集货、分配、搬运、中转、装入、卸下、分散、信息处理等服务。

展月电子商务有限公司(简称: 展月电商)是广兴物流的长期合作企业,其主营业务范围是服饰、日用品、小家电等。广兴物流公司主要为其提供仓储、配送等物流服务。

注: 本项目中涉及的商品均为虚拟商品。

任务1
填制公路货物运单

任务目标

◇逐渐形成吃苦耐劳的品质与细致认真的意识；

◇逐渐养成敬业、精益、专注的工匠精神；

◇了解公路货物运单的内涵与作用；

◇掌握公路货物运单的流转；

◇会规范填制公路货物运单。

任务描述

2022年5月10日14：00，广兴物流的李飞收到编号为GYS001的客户展月电商总公司王天发来的运输请求，王天通过邮件发来一份发货通知，他们有一批洗护发产品需要从总公司发运至上海分公司，李飞当天立即接受受理。

详细托运信息如下：

一、托运方详细信息（取货地信息与托运方信息相同）

展月电子商务有限公司总公司的地址：广州市天河区天河南路××号；邮政编码5106××；联系人：王天；联系人联系电话：151672198××。

二、收货方详细信息（送货地信息与收货方信息相同）

展月电子商务有限公司上海分公司的地址：上海市普陀区真南路××号；邮政编码2230××；联系人：李强；联系人联系电话：180667833××。

三、托运货物信息（见表3-1-1）

表 3-1-1　托运货物信息表

序号	货品名称	规格	外包装箱尺寸/ mm×mm×mm	数量/单位	总体积/ m³	总重量/ kg	包装方式
1	水润顺滑润发乳	500 mL×12	298×236×249	50 箱	0.9	350	纸箱
2	滋养强韧洗发露	500 mL×12	296×236×249	30 箱	0.54	210	纸箱
3	滋养强韧发膜	300 mL×12	323×217×198	50 箱	0.742	265	纸箱

四、托运要求：此批货物要求取货和送货，到货时间要求2022年5月13日17：00之前。要求返回收货方的签字回单（运单及客户单据）。

五、结算方式：

（一）结算方式为现结，送到货后要求收货方一次性付完所有运杂费。

（二）此批货物为重货，运费的计算公式为：吨千米运价×运距×吨数，吨公里运价为0.8元，其中运距为1 653 km（具体参照全国主要城市间公路里程表），全行程为1 700 km。

（三）取送货费用总共为100元，其他杂费为50元。

六、托运货物需要委托投保，投保金额为30 000元，按保险费率为货值的1%进行投保。

任务：以广兴物流公司信息员李思欣的身份根据托运信息在受理当天完成编号为YD2022051003的公路货物运单的填制。

任务实施

一、悟素养

某物流公司信息员在填制公路货物运单时，由于该票业务相对复杂一些，托运方、收货方、取货地和送货地分别涉及4个不同的地点，由于信息员在填制运单时没分清导致后续的单据都跟着错，影响了司机取货和送货的时间和准确性，给公司造成了一定的损失。

阅读后，与同学、老师分享你的所感所思。

1.发生该事件的主要原因是什么？

_____

_____

2.你认为作为一名信息员要具备哪些基本的素质？

_____

_____

二、练技能

（一）任务分配

学生分为学习小组，每组4~6人，分别担任信息员、取货人、托运人、送货人和收货人，共同完成任务，见表3-1-2。

岗位职责

表 3-1-2　任务分工表

岗位	岗位职责	成员姓名
信息员		
取货人		
托运人		
送货人		
收货人		

根据全班同学情况进行分组，由各组自选组长，并报告老师。由组长给本组成员分配任务，并组织成员完成公路货物运单的填制。

（二）技能展示

步骤1：教师下达任务，分析托运信息。

教师根据任务描述的信息给学生分析货物托运的基本信息，判断是否可以受理。

1.托运货物为普通货物，非危险品或其他需要特殊运输条件的货物，可以直接受理承运。

2.李飞与展月电商王天联系，确认要自行去取货并需派货，同时向托运人确认具体的托运要求。

3.李飞结合公司运输班线及运力安排的情况，判断此票运输业务可以受理。

步骤2：信息员根据业务信息填制公路货物运单的基本信息。

1.信息员李思欣根据安排，填写运单号码，并按照任务描述中客户提供的托运信息填写托运人、收货人、取货地和送货地的详细信息，见表3-1-3公路货物运单①。

2.信息员李思欣根据任务描述中客户提供的托运信息填写始发站、目的站、起运日期、要求到货日期、运距、全行程、路由、是否取送和是否要求回执，见表3-1-3公路货物运单②。

3.信息员李思欣根据任务描述中客户提供的托运信息填写货品名称、包装方式、件数、计费重量和体积，见表3-1-3公路货物运单③。

4.信息员李思欣根据任务描述中客户提供的托运信息填写运费、杂费等费用明细及支付方式，投保金额等，见表3-1-3公路货物运单④。

5.信息员李思欣在填制完单据基本信息并再次检查审核无误后，在"制单人"一栏签名，并填写受理日期、受理时间和受理单位，见表3-1-3公路货物运单⑤。

公路货物运单答案

步骤3：司机到取货地取货，双方在公路货物运单"取货"栏处填写并签名或盖章。

运输部门在做好单据填制、与取货地联系并确认具体的取货时间和地点后，5月11日安排司机王刚上门取货，上午10：00取货交接完毕，货物信息及数量都与托运信息一致，取货人签字填写时间，托运人/代理人需要在运单上填写实际发货件数，签字或盖章并填写时间，完成货物取货交接手续，预计发车起运时间为5月11日11：00，见表3-1-3公路货物运单⑥。

公路货物运单填单要求

步骤4：送到目的地后进行送货，双方在公路货物运单"送货"栏处填写并签名或盖章。

在取完货后按照公司的运输班线及运力安排进行后续的运输流程，最后由李安将货物送到送货地，2022年5月13日10：00到达，开始卸货交接，确认货物信息及数量都无误后，收货人/代理人需要在运单上填写实际收货件数，签字或盖章并填写时间，送货人签字填写时间，完成货物交接手续，见表3-1-3公路货物运单⑦。

表 3-1-3　公路货物运单

公路货物运单					
运单号	①				
托运人姓名		电话	收货日期		电话
单位			单位		
托运人详细地址			收货人详细地址		
托运人账号		邮编	收货人账号		邮编

续表

取货地联系人姓名		单位		送货地联系人姓名		单位		
电话		邮编		电话		邮编		
取货地详细地址				送货地详细地址				
始发站	②	目的站		起运日期		要求到货日期		
运距/km		全行程/km		是否取送		是否要求回执		
路由				取货（ ）	送货（ ）	要求回执	运单回执	客户单据
货物名称③	包装方式	件数	计费重量/kg	体积/m³	取货人签字			
					⑥	年 月	日 时	分
					托运人或代理人签字或盖章			
					实际发货件数			件
					年 月	日 时		分
					收货人或代理人⑦签字或盖章			
合计					实际发货件数			件
收费项④	运费	取/送货费	杂费	费用小计	年 月	日 时		分
费用金额/元					送货人签字			
客户投保声明	不投保		投保		年 月	日 时		分
	投保金额		元	保险费	元 备注			
运杂费合计（大写）								

续表

结算方式					
现结		月结		预付款/元	
到付/元		付费账号			
制单人⑤		受理日期		受理单位	

三、学理论

（一）公路货物运单的概念

公路货物运单是公路货物运输及运输代理的合同凭证，是运输经营者接受货物并在运输期间负责保管和据以交付的凭据，也是记录车辆运行和行业统计的原始凭证。

公路货物运单样式

（二）公路货物运单的种类

公路货物运单分为甲、乙、丙三种。甲种运单适用于普通货物、大件货物、危险货物等货物运输和运输代理业务；乙种运单适用于集装箱汽车运输；丙种运单适用于零担货物运输。

承、托运人要按道路货物运单内容逐项如实填写，不得简化、涂改。承运人或运输代理人接收货物后应签发道路货物运单，道路货物运单经承、托双方签章后有效。

全国主要城市间公路里程表

（三）公路货物运单的份数及其流转（见表3-1-4）

表 3-1-4　公路货物运单的份数及其流转

	甲类乙类运单流转程序	丙类运单流转程序
第一联	存根，作为领购新运单和行业统计的凭据。	
第二联	托运人存查联，交托运人存查并作为运输合同由托运人保存。	
第三联	承运人存查联，交承运人存查并作为运输合同由承运人保存。	提货联，由托运人邮寄给收货人，可凭此联提货，也可由托运人委托运输代理人通知收货人或直接送货上门，收货人在提货联收货人签章处签字盖章，收、提货后由到达站收回。
第四联	随货同行联，作为载货通行和核算运杂费的凭证，货物运达、经收货人签收后，作为交付货物的依据。	运输代理人存查联，交运输代理人存查并作为运输合同当事人另一方保存。
第五联	随货同行联，作为载货通行和核算运杂费的凭证，货物运达、经货运站签收后，作为交付货物的依据。	

（四）公路货物运单填制注意事项

1.一张运单托运的货物必须是同一托运人、收货人、装货地点和卸货地点，相当于运输合同，因此一张订单只能填写一个客户。

2.易腐货物、易碎货物、易溢漏的液体、危险货物与普通货物，以及性质相抵触或运输条件不同的货物，不得用同一张运单托运。

3.托运人要求自理装卸车的，经承运人确认后，在运单内注明。

4.准确填写托运人、收货人、取货地和送货地的信息，当分别有两个至四个不同的地址信息时要准确判断清楚所属关系。

5.货物信息一栏处计费重量和体积填写的是该项货物的总重量和总体积，合计处填写的是所有商品加起来的总件数、总重量和总体积。

6.取货和收货一栏在最初填制公路货物运单时还没有进行取货和运输作业是不需要填写的，只有随货同行联在作为载货通行和核算运杂费的凭证时，完成取货后双方才进行确认填写签字，在货物运达、经收货人签收后，才需要在收货处填写签字盖章，作为交付货物的依据。

四、促评价

小组名称						
成员名字						
		考评项目	分值	评分依据	自我评价	组长评价
评分标准	素养	能积极思考小事件并回答问题	30	小组成员全部完成所感所思：30分		
				小组成员部分完成所感所思：20分		
				小组成员全部未完成所感所思：0分		
评分标准	素养	小组合作	10	完成安排的任务并帮助组员：10分		
				没完成安排的任务：0分		
	技能	正确填制公路货物运单	30	15个以上：30分		
				10~15个：20分		
				10个以下：10分		
	理论	能描述公路货物运单的作用和流转	30	完全正确：30分		
				基本正确：20分		
				完全错误：0分		
实际得分						
考核结果						

此评价表考核结果：自我评价占40%，组长评价占60%。

□ 巩固提高

一、单选题

1.当客户托运货物信息为：靓丽水润洗发乳，50箱，7 kg/箱，0.018 m³/箱时，公路货物运单"货物信息"栏处的计费重量（kg）应填写（　　）。

A.7　　　　　　　　B.0.9　　　　　　　　C.350　　　　　　　　D.50

2.公路货物运单有三种，适用于普通货物、大件货物、危险货物等货物运输和运输代理业务的是（　　）。

A.甲　　　　　　　　B.乙　　　　　　　　C.丙

3.公路货物运单中作为载货通行和核算运杂费的凭证，货物运达、经收货人签收后，作为交付货物的依据的是（　　）。

A.存根　　　　　　B.托运人存查联　　　C.承运人存查联　　　D.随货同行联

4.一批公路运输货物始发站为广州，目的站为武汉，途径长沙，公路货物运单中"路由"应填写为（　　）。

A.广州—武汉　　　B.广州—长沙　　　　C.广州—长沙—武汉　　　D.长沙—武汉

5.（　　）是公路货物运输及运输代理的合同凭证，是运输经营者接受货物并在运输期间负责保管和据以交付的凭据。

A.公路运输计划　　B.公路货物运单　　　C.集货单　　　　　　D.取派通知单

二、判断题

1.公路货物运单是公路货物运输及运输代理的合同凭证，是运输经营者接受货物并在运输期间负责保管和据以交付的凭据。　　　　　　　　　　　　　　　　　　（　　）

2.丙种运单适用于集装箱汽车运输。　　　　　　　　　　　　　　　　　　（　　）

3.当客户托运业务不需要取货时，"取货"栏处的信息就不需要填了。　　　（　　）

4.性质相抵触或运输条件不同的货物，不得用同一张运单托运。　　　　　（　　）

5.一张公路货物运单可以填写多个客户托运的货物。　　　　　　　　　　（　　）

三、制单题

2022年3月9日10时，北京路通物流有限公司客服刘华收到一份带有客户签章的发运计划，具体内容为：

托运单号：YD4610000004911　　　　　　托运人编号：PHKH1301

托运人：北京嘉顺地毯有限公司　　　　　联系人：李丽　　联系电话：010-6435×××

地址：北京市丰台区丰台北路××号　　　邮编：1000××

取货地：北京嘉顺地毯有限公司1号仓　　联系人：王平　　联系电话：010-5885×××

地址：北京市丰台区芳城园一区××号　　邮编：1000××

收货人：北京嘉顺地毯沈阳办事处　　　　联系人：钱春　　联系电话：024-3231×××

地址：沈阳市和平区文艺路××号　　　　邮编：1100××

货物详情：

货名	数量/件	总重量/kg	总体积/m³	包装	要求到货时间
地毯	40	2 000	11	纸箱	2022年3月14日17时
加大地毯	20	1 500	7	纸箱	

托运说明：

（1）要求上门取货和送货，送货地联系信息与收货人信息相同。

（2）凭客户签字的运单作为回执，需要返单，需要收款。

（3）结算方式：到付现结。

（4）此批货物为重货，运费计算公式为吨千米运价×运距×吨数，吨千米运价为0.8元，取送货费200元，无其他杂费。

（5）货物需要投保，投保金额为100 000元，保险费率为货值的1%。

当天10时15分，刘华还收到另一份客户的发运计划，具体内容如下：

托运单号：YD4610000004912　　　　　　托运人编号：PHKH1302

托运人：北京恒昌商贸有限公司　　　　　　联系人：蔡司　联系电话：010-5635×××

地址：北京市通州区通马路××号　　　　　邮编：1011××

收货人：北京恒昌商贸有限公司哈尔滨办事处　　联系人：君玉　联系电话：0451-8435×××

地址：哈尔滨市松北区世贸大道××号　　　　邮编：1500××

货物详情：

货名	数量/件	总重量/kg	总体积/m³	包装	要求到货时间
保暖内衣	250	370	18	纸箱	2022年3月13日17时

托运要求：

（1）托运人自行将货物送到承运人的货运站，需要送货，送货地信息与收货人信息相同。

（2）凭客户签字的运单作为回执，需要返单，不需收款，此批货物不投保。

（3）结算方式：月结，取货和送货费用为200元，无其他杂费。

客服刘华在审核完两个客户的业务申请后，判断两票业务都可正常受理，当天受理并将订单提交给调度员程润进行操作。程润根据公司的班线和运力安排派一辆车完成这两票业务的运输，集货完成后货物于2022年3月10日7时在北京站装车，装卸员林南宇负责装车作业。预计于2022年3月10日9时发车出北京站，先到沈阳站再送哈尔滨站。

全国（部分）主要城市间公路里程参照表

北京	北京				
天津	118	天津			
锦州	483	470	锦州		
沈阳	717	704	234	沈阳	
哈尔滨	1 392	1 726	909	675	360	哈尔滨

任务：根据以上信息以北京路通物流有限公司信息员王杰的身份编制单号为YD461000 0004911北京嘉顺地毯有限公司的"公路货物运单"。

任务2
填制取派通知单

任务目标

◇逐渐形成吃苦耐劳的品质与细致认真的意识；

◇逐渐养成敬业、精益、专注的工匠精神；

◇了解取派通知单的内涵与作用；

◇掌握取派货作业的流程；

◇会规范填制取派通知单。

任务描述

广兴物流有限公司于2022年5月11日分别收到以下发货通知：

1. 发货人：郑州华德永佳地毯有限公司

取货地址：郑州市紫荆路北段××号，联系人：李丽，电话：0371–643510××。

目的地：展月电子商务有限公司上海分公司，上海市普陀区真南路××号，联系人：李强。

货物：羊毛簇绒地毯20箱，纸箱包装，总重1 000 kg，体积5.6 m^3。

尼龙地毯10箱，包装为纸箱，总重500 kg，体积2.8 m^3。

拼块地毯10箱，包装为纸箱，总重600 kg，体积2.8 m^3。

2. 发货人：郑州华丰纸业有限公司

取货地址：郑州市开阳路××号，联系人：成军，电话：0371–563487××。

目的地：展月电子商务有限公司杭州分公司，杭州市上城区环城东路××号，联系人：王明月。

货物：A4纸50箱，包装为纸箱，总重500 kg，体积0.8 m^3。

3. 发货人：郑州辉煌印务有限公司

取货地址：郑州市中原区大学北路××号，联系人：张宇，电话：0371–563723××。

目的地：展月电子商务有限公司安庆分公司，安庆市宜秀区迎宾西路××号，联系人：佟维维。

货物：作业本50箱，纸箱包装，总重1 000 kg，体积1.8 m^3。

信息员根据发货信息，分别编制了3份公路货物运单（华德永佳地毯有限公司的运单号YD1001，郑州华丰纸业有限公司的运单号YD1002，郑州辉煌印务有限公司的运单号YD1003），并下达指令给公司的运输部调度员安排取货。

12日，郑州站调度员李飞根据收到的作业指令，编制单号为QPD220512001取派通知单，安排车辆豫A390××（9.6 m集装箱车，载重8 t，车容20 m^3），货运员蒋玉按顺序去为YD1001、YD1002、YD1003取货，此车所有客户委托都是需要返单，不需要收款，预计8小时完成取货作业回到场站。

任务：根据以上信息以广兴物流有限公司调度员李飞的身份填制单号为QPD220512001的取派通知单。

任务实施

一、悟素养

某物流公司调度员接到几份要安排取派的运单，取派在两个不同的城市（操作站点），信息员在只核对了车辆载重量和体积允许的情况下，把所有运单都填写到了同一张取派通知单中。

阅读后，与同学、老师分享你的所感所思。

1.你知道取派通知单的作用吗？

_____

_____

2.调度员这样填制出来的取派通知单会造成什么后果？

_____

_____

二、练技能

（一）角色分配

学生分为学习小组，每组4~6人，分别担任调度员，共同完成任务，见表3-2-1。

表 3-2-1　任务分工表

岗位	岗位职责	成员姓名
调度员		

岗位职责

根据全班同学情况进行分组，由各组自选组长，并报告老师。由组长对本组成员分配任务，并组织成员完成取派通知单的填制。

（二）技能展示

步骤1：教师下达任务，接受取派货指令，分析取派货物信息。

教师根据任务描述的信息给学生进行分析：共有3票货物需要处理，货物性质都属于普通货物，取货站点都是郑州市，因此判断这3票货可以放在一起安排取货。根据运量选择一辆总体积、总重量都适合的车执行取货作业，取派顺序为：运单号YD1001→运单号YD1002→运单号YD1003。

取派通知单答案

步骤2：调度员根据业务信息填制取派通知单的基本信息。

1.李飞根据安排，填写取派通知单单号，并按照任务描述中的内容确定操作站点、所需取派货车辆的车型、所需货运员数量和预计操作的时间，见表3-2-2取派通知单①。

2.在接到取派任务时需要根据任务信息及车辆信息来计算判断路线安排和车辆的选择，在确定下来后要核对车辆所需承载的货物体积和重量都不能超载，李飞需要填写的是所装载全部货物的总件数、总重量和总体积，见表3-2-2取派通知单②。

3.李飞根据任务描述中的信息按照执行取派货的顺序，依次将三票执行取派任务的运单信息填写在客户信息一栏中，包括运单号，客户的地址、姓名和电话，取派类型，是否返单和收款，见表3-2-2取派通知单③。

取派通知单填单要求

4.李飞根据任务描述中的信息按照执行取派货的顺序，依次将三票执行取派任务的货物信息填写在货品信息一栏中，包括运单号及其对应的货品名称、件数、重量和体积, 见表3-2-2取派通知单④。

5.李飞在填制完单据基本信息并再次检查审核无误后在"制单人"一栏签名, 并填写时间, 见表3-2-2取派通知单⑤。

步骤3: 取派车辆和人员已确定, 货运员上门派货及取货, 做好作业记录。

根据取派货任务及取派车辆情况, 确定好执行任务的车辆和人员, 取派通知单完成后, 货运员出站后按照取派通知单顺序依次完成取派货任务, 同时对取派货的实际情况在备注栏中进行记录。

步骤4: 取派货完成, 车辆返场。

按照取派通知单顺序完成取派货的任务后, 返回场站, 并将现场填制的单据和回执交回。

取派通知单样式

表 3-2-2　取派通知单

取派通知单								
单号 ①					操作站			
资源	车辆数量/辆			辆	车型			
	货运员人数/人			预计操作时间			h	
总数量 ②			件	总重量		kg	总体积	m³
③	客户信息							
运单号	顺序号	地址	电话	姓名	取派类型	是否返单		是否收货款
④	货品信息							
运单号	货物名称	件数/件	重量/kg	总体积/m³	备注			
填表人 ⑤			填表时间					

三、学理论

（一）取派通知单的内涵

取派通知单, 是调度员组织取（派）货作业必须填写的单据凭证, 是取（派）货人员取（派）货的依据。取（派）货调度是公路运输作业中的准备工作, 调度员主要通过合理调度车辆、人员、配送路线、车辆积载等来满足客户服务需求。取派作业的线路优化，既可以满足客户的订单需求，又可以提高车辆运输效率，降低车辆运输成本。

取货作业属于货物储运作业中的一部分，对于需要上门取货的运输业务，调度部门会根据货物的位置和运量合理编制取货计划。对于货物到达作业中需要派货的业务，调度部门则根据客户的要求，合理完成一批或者多批货物的配载和运输路线安排。

取货与派货作业涉及的不仅仅是货物位置的转移，更重要的是涉及取货方与发货方，派货方与收货方之间关于货物的责任归属问题，因此取货与派货过程中的单据交接很重要。

（二）取派通知单的流转

取派通知单一般有三联：

第一联为调度联，调度员确定具体取派时间后，填写取派通知单，签字后第一联留存。

第二联为提/送货联，货运员携带第二联跟车进行取派作业，取派过程中发生信息变更，需要在备注栏中详细注明，取派作业完成后返回站场，需其他货运员在取派通知单上签字确认，站务员签字确认后留存。

第三联为统计联，交回执行调度，核实单据信息，登记线路台账后将第三联交运输统计，登记运输统计台账。

（三）取货派货的作业流程

在现代物流中尽量满足客户需要，为客户更好地提供便利服务的今天，良好的取货与派货作业是影响运输作业质量的关键。取货与派货分别是货物出运和到达作业的前端和末端作业，流程如图3-2-1所示。

接单 ➡ 收件入站 ➡ 出运 ➡ 中转 ➡ 入站 ➡ 派货出站 ➡ 派货

图3-2-1　取货派货的运输流程

1.取货作业流程

（1）调度部制作取货通知单，安排取货人员与车辆。

（2）取货人员做好取货准备，与发货人确认取货时间、地点与货物信息。

（3）取货员上门取货，检查验收货物，现场填写运单并确认费用。

（4）进行货物包装，粘贴运单标识。

（5）取货返站，取货员将货物、运单、货款等交相关部门。

2.派货作业流程

（1）调度部制作派货通知单，安排派货人员与车辆。

（2）派货人员与场站进行派货货品检查、交接与装车，货品出站。

（3）货物送达收货人，核实收货人身份，检查派货货品，进行签收确认。

（4）车辆返回场站，交收货人签单及其他款项等。

（四）取派通知单填制注意事项

1.操作站只能填写一个，因此一张单上的取（派）货必须是在同一个市内的。

2.客户信息一栏填写的运单顺序要与货品信息一栏处填写的顺序完全一致，去取（派）货的地点和货物才能对应得上。

3.在客户信息一栏，当填写的是取货类型时，对应的地址应填写取货的地址；若是派货类型,对应的地址应填写收货的地址。

　　4.当一个运单号下对应有多个货品时,货品信息一栏就要分行把货物列明白,完成一个运单号的所有货物信息后再继续下一个运单号的货物信息。

　　5.取派过程中若有发生信息变更,需要根据实际情况在备注栏中详细注明。

四、促评价

小组名称						
成员名字						
评分标准		考评项目	分值	评分依据	自我评价	组长评价
	素养	能积极思考小事件并回答问题	30	小组成员全部完成所感所思:30分		
				小组成员部分完成所感所思:20分		
				小组成员全部未完成所感所思:0分		
		小组合作	10	完成安排的任务并帮助组员:10分		
				没完成安排的任务:0分		
	技能	正确填制取派通知单	30	15个以上:30分		
				10~15个:20分		
				10个以下:10分		
	理论	能描述取货派货的流程	30	完全正确:30分		
				基本正确:20分		
				完全错误:0分		
实际得分						
考核结果						

　　此评价表考核结果:自我评价占40%,组长评价占60%。

▣ 巩固提高

一、单选题

1.取派通知单是(　　)根据客户运单需求及市内短途取货或者派送货物需求填写的单据。

A.仓管员　　　　　B.司机　　　　　　　C.调度人员　　　　　　D.分拣员

2.取派通知单一般有（　　）联。

A.一　　　　　　B.二　　　　　　C.三　　　　　　D.四

3.（　　）是货物出运和到达作业的前端作业。

A.取货作业　　　B.出运作业　　　C.入站作业　　　D.派货作业

4.（　　）是货物出运和到达作业的末端作业。

A.取货作业　　　B.出运作业　　　C.入站作业　　　D.派货作业

5.以下哪个是正确的取货派货的运输流程?（　　　）

A.取货→出运→收件入站→中转→入站→派货出站→派货

B.取货→收件入站→出运→中转→入站→派货出站→派货

C.取货→出运→中转→收件入站→入站→派货出站→派货

D.取货→出运→入站→收件入站→中转→派货出站→派货

二、判断题

1.取派通知单是用于记录货运中心派车的相关信息以及客户约定的托运任务相关信息的单据,取派司机按照此单据信息执行相关取派任务。　　　　　　　　　　　　（　　）

2.当取派过程中发生信息变更时需要在备注栏中注明的是取派通知单的第一联。（　　）

3.在安排车辆执行取派任务时可以任意选择市内线路或者跨市长途线路的车辆,只要安排得过来就可以。　　　　　　　　　　　　　　　　　　　　　　　　（　　）

4.取派通知单中,操作站可以填写多个。　　　　　　　　　　　　　　（　　）

5.当一个运单号下对应有多个货品时,货品信息一栏就要分行把货物列明。　（　　）

三、制单题

2022年4月2日,广兴物流调度员张建收到一份派货信息通知单,见表3-2-3。

表3-2-3　派货信息

2022年4月2日

始发站：武汉	目的站：青岛	
收货信息	收货人(编号)：青岛泰科数码专营店	
	收货地址：青岛市城关区庆春路××号	
	联系人：严肃　　联系方式：1388461××××	
	是否送货：是　　收货时间：2022年4月3日12∶00前	
托运信息	托运人：武汉安踏体育用品有限公司(武汉市沿江大道××号)	
	联系人：王月　　联系方式：027-8289××××	
货品名称：女鞋	包装规格：0.345 m×0.345 m×0.24 m	
数量(箱)：8	体积(m³)：0.228	重量(kg)：160
运单号：1000020220402	备注：需要返单和收货款	

同日，张建又收到一张运输任务，取货信息见表3-2-4。

表 3-2-4 取货信息

2022年4月2日

始发站：青岛		目的站：杭州	
托运信息	托运人	青岛双喜体育用品有限公司(青岛市城关区沿江大道××号)	青岛鸿德电器有限公司(青岛市城关区沿江大道××号)
	联系人(联系方式)	李华(0532-8289×××)	徐海(1390080××××)
	是否取货	是(2022年4月3日15点前)	是(2022年4月3日14点前)
收货信息	收货人	杭州武林百货商店	杭州百思图电器商行
	收货地址	杭州市下城区庆春路××号	杭州市上城区复兴路××号
	联系人(联系方式)	谢云(0571-8461×××)	郑拓(0571-7681×××)
	货品名称	乒乓球拍	音响
	包装规格/m	0.5×0.5×0.4	0.38×0.57×0.22
	数量(单位)	40(箱)	24(箱)
	体积/m³	4	1.144
	重量/kg	1 680	600
	运单号	2000120220402	2000320220402
	备注	需要返单不需要收款	需要返单不需要收款

张建查询了公司能执行取派任务的车辆有两辆，见表3-2-5。根据本次取派任务，指定货运员王可柱，司机刘沧平，车牌号鲁B278××车辆执行本次任务，预计派货取货操作时间8小时。

表 3-2-5 能执行取派任务的车辆信息

姓名	车牌号	联系方式	货厢尺寸/mm×mm×mm	车容/m³	核载/t	货箱类型	运输路线
刘沧平	鲁B278××	1346183××××	3×1.8×1.8	8	4	全厢	本市
陈 杰	鲁B368××	1312908××××	7.2×2.3×2.5	20	8	全厢	本市

任务：以广兴物流公司调度员张建的身份在收到任务的当天填制编号为QPD2022040201的取派通知单。

任务3
填制公路运输计划单

任务目标

◇逐渐形成吃苦耐劳的品质与细致认真的意识;
◇了解公路运输计划的内涵与作用;
◇掌握公路运输计划的流转;
◇会规范填制公路运输计划。

任务描述

2022年4月7日,广兴物流收到供应商编号为GYS001的客户展月电商发来的运输业务申请,将有一批货物需要运输,具体内容如下:

运输订单(1)

托运单号:YD00001　　要求2022年4月10日17时之前送到目的地。

托运人:展月电子商务有限公司(联系人:王天;联系电话:151672198××;地址:广州市天河南路××号;邮编:5106××)。

女式夹克:数量:10箱;总重量:1 300 kg;总体积:6 m³。

收货人:展月电子商务有限公司杭州分公司(联系人:王明月;联系电话:137526893××;地址:杭州市上城区环城东路××号;邮编:3100××)。

运输订单(2)

托运单号:YD00002　　要求2022年4月10日18时之前送到目的地。

托运人:广州兴隆毛巾厂(联系人:李丽;联系电话:157672196××;地址:广州市天河南路××号;邮编:5106××)。

毛巾;数量:50箱;总重量:500 kg;总体积:5 m³。

浴巾;数量:50箱;总重量:5 000 kg;总体积:10 m³。

收货人:上海第一百货公司(联系人:周涛;联系电话:021-323100××;地址:上海市虹口区文艺路××号;邮编:2004××)。

运输订单(3)

托运单号:YD00003　　要求2022年4月10日18时之前送到目的地。

托运人:广州富强电子设备厂(联系人:周迅;联系电话:156672193××;地址:广州市天河南路××号;邮编:5106××)。

电子台秤;数量:40箱;总重量:3 000 kg;总体积:8 m³。

收货人:杭州晓晓电子公司(联系人:张明华;联系电话:0571-8435077××;地址:杭州市松北区世贸大道××号;邮编:3100××)。

以上货物都用纸箱包装。

广兴物流客服人员陈丽审核完三份业务申请后,受理了客户的业务申请,将订单提交给调度员张佳敏开展运输业务作业,张佳敏查询了公司运力资源,见表3-3-1,指派车辆与人员完成运输任务。

表 3-3-1　公司干线运力资源

姓名	班线编号	车牌号	联系方式	货厢尺寸/mm×mm×mm	车容/m³	核载/t	货厢类型	运输线路
周明	A01	粤A608××	1376073××××	7.2×2.3×2.5	35	10	全厢	广州—杭州—上海
王强	B01	粤A963××	1328773××××	5.2×2.15×2.3	22	6.5	全厢	广州—上海
刘成	C01	粤A610××	1353997××××	7.2×2.3×2.5	35	15	全厢	广州—重庆—成都

　　2022年4月8日8时，班车从广州站发车，预计于4月9日4时到达杭州站，完成卸车后，预计于4月9日10时不更换运输车辆从杭州站出发，预计于4月9日13时到达上海站，完成卸车后，预计于4月9日18时完成货物签收。随车备用金800元。广州—杭州距离为1 607 km；杭州—上海距离为202 km。

　　任务：以广兴物流公司调度员张佳敏身份填制编号为YSJH20381001的公路运输计划。

任务实施

一、悟素养

　　某物流公司运输部有一名调度员非常关注客户满意度，为了提高客户满意，每次接到客户的运输业务后都会尽快编制运输计划，安排运输，提前完成运输任务。经过一段时间调查，客户满意度没有明显提高，反而公司的效益降低了，运输部人员工作量大了，很多货车根据运输计划安排只装半车就发运，运力浪费严重。

　　阅读后，与同学、老师分享你的所感所思。

1.发生该事件的主要原因是什么？

_____

_____

2.你认为作为一名调度人员应如何做才能提高客户满意度？

_____

_____

二、练技能

（一）角色分配

　　学生分为学习小组，每组4~6人，分别担任客服员和调度员，共同完成任务，见表3-3-2。

岗位职责

表 3-3-2　任务分工表

岗位	岗位职责	成员姓名
客服员		
调度员		

根据全班同学情况进行分组,由各组自选组长,并报告老师。由组长给本组成员分配任务,并组织成员完成公路运输计划的填制。

（二）技能展示

步骤1：教师下达任务,任务简剖。

教师根据任务描述的信息给学生进行简单的解释。

步骤2：客服部受理业务。

接到客户的运输业务申请后,广兴物流公司客服人员陈丽审核客户的业务申请,对货物信息、运输方式、货物流向、客户要求等进行分析,三笔业务属于公司受理范围,于是受理了客户的业务申请并将当天客户发货信息整理好转送给公司调度部门,开展运输业务作业。

步骤3：调度员分析发货通知,进行运输业务分析。

调度员张佳敏查阅全国主要城市间公路里程参照表,对三份运输订单进行运输业务分析,货物属性都为普通货物,总数量150件,总体积29 m³,总重量是9 800 kg,货物流向广州—杭州—上海,客户要求到货时间是2022年4月10日17、18时之前。

公路运输计划答案

步骤4：调度员查阅公司运力资料,安排运输任务。

调度员张佳敏查询了公司运力资源,根据运输业务分析,发现广州—杭州—上海运输线路的车辆符合运输要求并能充分运用运力节约运输成本,于是安排司机周明及车牌号为粤A608××的全厢式货车执行运输任务,并于4月8日起运。

步骤5：调度员根据发货通知及运输安排缮制公路运输计划。

1.调度员张佳敏根据运输的安排和任务描述,填写发运时间和编号,见表3-3-3公路运输计划①。

2.调度员张佳敏根据所选用的车辆信息填写车牌号、核载、车容、司机、联系电话,根据发货通知及任务背景信息,填写计费里程、全行程、备用金和预计装载量,见表3-3-3公路运输计划②。

公路运输计划填单要求

3.调度员张佳敏根据任务背景信息填写始发站、经停站和目的站的到达时间和发车时间,见表3-3-3公路运输计划③。

4.调度员张佳敏根据收货地为杭州的发货通知,填写经停站货物发货相关信息,见表3-3-3公路运输计划④。

5.调度员张佳敏根据收货地为上海的发货通知,填写目的站货物发货相关信息,见表3-3-3公路运输计划⑤。

公路运输计划样式

6.调度员张佳敏根据发货通知的客户要求到货时间,填写收货时间,见表3-3-3公路运输计划⑥。

步骤6: 调度员将公路运输计划转交车队及站场。

调度员张佳敏填制完公路运输计划, 交部门主管审核无误后, 把公路运输计划单交执行调度完成后续运输业务作业。

表 3-3-3　公路运输计划

公路运输计划										
发运时间① 年 月 日						编号:				
车牌号		核载(t)		车容(m³)		——	始发站	经停站	目的站	
计费里程(km)		司机		联系方式		到达时间				
全行程②(km)		备用金(元)		预计装载量		发车时间③				
经停站										
发货人	发货地址	货物名称	包装	数量(件)	重量(kg)	体积(m³)	收货人	收货地址	收货时间	备注
④										
目的站										
发货人	发货地址	货物名称	包装	数量(件)	重量(kg)	体积(m³)	收货人	收货地址	收货时间	备注
⑤									⑥	

三、学理论

（一）公路运输计划的内涵

公路运输计划是指公路运输部门关于货物干线运输有关事宜的安排。调度人员根据本站始发及转运货物的货量、流向及运输时限等要求, 合理选择运力资源, 编制运输计划, 向执行调度下达作业指令的操作环节。合理安排和填制运输计划可以提升整个公路运输过程的合理性, 从而降低运输成本, 提高企业效益。

（二）公路运输计划的份数

公路运输计划一般有三联: 第一联为计划联, 用于计划调度填写运输计划, 留存备查; 第二

干线运输与
支线运输

联为执行联,用于执行调度根据此联填写集货单;第三联为统计联,用于登记运输统计台账。

（三）公路运输计划的流转

公路运输计划的流转,如图3-3-1所示。

图3-3-1 公路运输计划流转图

（四）公路运输计划填制注意事项

1.发货人和收货人填写发货人、收货人公司/单位的全称,不是人名称。

2.核载(t):填写本次货物运输工具的车载重量,不是货物总重量。

3.车容(m³):填写本次运输工具的车容,不是货物总体积。

4.预计装载量:填写车辆预计货物装载重量,一般是填整批货物的毛重,指的是该车辆所运送货物的实际总重量,格式如:2 000 KGS。

5.到达时间、发车时间、收货时间:根据任务背景填写时间节点,格式为"YYYY年MM月DD日HH:MM",如:2022年01月01日08:30。

四、促评价

小组名称						
成员名字						
评分标准		考评项目	分值	评分依据	自我评价	组长评价
	素养	能积极思考小事件并回答问题	30	小组成员全部完成所感所思:30分		
				小组成员部分完成所感所思:20分		
				小组成员全部未完成所感所思:0分		
		小组合作	10	完成安排的任务并帮助组员:10分		
				没完成安排的任务:0分		

续表

评分标准	考评项目		分值	评分依据	自我评价	组长评价
	技能	正确填制公路运输计划	30	30个以上：30分		
				20~30个：20分		
				20个以下：10分		
	理论	能描述公路运输计划的流转	30	完全正确：30分		
				基本正确：20分		
				完全错误：0分		
实际得分						
考核结果						

此评价表考核结果：自我评价占40%，组长评价占60%。

□ 巩固提高

一、单选题

1.（   ）是指公路运输部门关于货物干线运输有关事宜的安排。调度人员根据本站始发及转运货物的货量、流向及运输时限等要求，合理选择运力资源，编制运输计划，向执行调度下达作业指令的操作环节。

A.取派通知单　　　　B.公路运输计划　　　　C.公路货物运单　　　　D.货物清单

2.公路运输计划一般有三联，计划联为第（   ）联。

A.一　　　　　　　　B.二　　　　　　　　C.三　　　　　　　　D.四

3.公路运输计划中（   ）用于执行调度根据此联填写集货单。

A.计划联　　　　　　B.执行联　　　　　　C.统计联　　　　　　D.调度联

4.公路运输计划中哪个时间是不用填写的？（   ）

A.始发站—到达时间　B.始发站—发车时间　C.经停站—到达时间　D.目的站—到达时间

5.公路运输中运送到经停站的货物毛重为80 kg，净重为75 kg；运送到目的站的货物毛重为60 kg，净重为56 kg，公路运输计划中"预计装载量"应填写（   ）。

A.131 KGS　　　　　B.136 KGS　　　　　C.140 KGS　　　　　D.135 KGS

二、判断题

1.有一批货物要运输，总净重是2 800 kg，总毛重是3 000 kg，预计装载量填写为"3 000 kg"。

（   ）

2.吉运物流公司接到客户的业务需要，要求2022年3月15日12：00前将货物送到收货点，而吉运物流公司于3月14日8：00将货物送至收货点，收货时间填写为"2022年03月14日08：00"。

（   ）

3.备用金3 000元，填写为"3 000.00"。　　　　　　　　　　　（　　）

4.公路运输计划中"核载"填写本次货物运输的货物总重量。　　（　　）

5.公路运输计划中"车容"填写本次运输工具的车容，不是填写货物的总体积。　（　　）

三、制单题

2022年4月8日，广兴物流收到展月电商发来的运输业务申请，将有一批货物需要运输，具体内容如下：

运输订单（1）

女士衬衫：数量：100箱；总重量：5 800 kg；总体积：13 m³。

女裙：数量：50箱；总重量：3 500 kg；总体积：8 m³。

收货人：展月电子商务有限公司重庆分公司（联系人：李定东；联系电话：138458120××；地址：重庆市渝北区昆仑大道××号；邮编：5100××）。

运输订单（2）

男士衬衫：数量：60箱；总重量：5 000 kg；总体积：10 m³。

收货人：展月电子商务有限公司成都分公司（联系人：朱宝玉；联系电话：156201434××；地址：成都市中集大道××号；邮编：6100××）。

以上货物都用纸箱包装，要求2022年4月11日17时之前送到目的地。

2022年4月9日10时，班车从广州站发车，预计2022年4月10日6时到达重庆站，完成卸车后，预计于2022年4月10日11时不更换运输车辆从重庆站出发，2022年4月10日14时到达成都站，完成卸车后，预计于2022年4月10日16时完成货物签收。随车备用金1 000元。广州—重庆距离为1 655 km；重庆—成都距离为340 km。

任务：以广兴物流公司调度员张佳敏身份填制编号为YSJH22381010的公路运输计划。

任务4
填制集货单

任务目标

◇逐渐形成吃苦耐劳的品质与细致认真的意识;

◇了解集货单的内涵与作用;

◇掌握集货单的流转;

◇会规范填制集货单。

任务描述

2022年4月7日,广兴物流执行调度陈欣收到编号为YSJH20381001的公路运输计划,货物是从广州运往杭州、上海方向,具体内容见表3-4-1。

表 3-4-1　运输计划

公路运输计划									
发运时间: 2022 年 04 月 07 日								编号: YSJH20381001	
车牌号	粤 A608××	核载/t	10	车容/m³	35	——	始发站	经停站	目的站
计费里程/km	1 809	司机	周明	联系方式	1376073××××	到达时间		2022年 04月09日 04:00	2022年 04月09日13:00
全行程/km	1 809	备用金/元	800.00	预计装载量	9 800 KGS	发车时间	2022年 04月08日 08:00	2022年 04月09日 10:00	
经停站									
发货人	发货地址	货物名称	包装	数量/件	重量/kg	体积/m³	收货人	收货地址	收货时间	备注
展月电子商务有限公司	广州市天河南路××号	女式夹克	纸箱	10	1 300	6	展月电子商务有限公司杭州分公司	杭州市上城区环城东路××号	2022年 04月10日 17:00	
广州富强电子设备厂	广州市天河南路××号	电子台秤	纸箱	40	3 000	8	杭州晓晓电子公司	杭州市松北区世贸大道××号	2022年 04月10日 18:00	

续表

目的站										
发货人	发货地址	货物名称	包装	数量/件	重量/kg	体积/m³	收货人	收货地址	收货时间	备注
广州兴隆毛巾厂	广州市天河南路××号	毛巾	纸箱	50	500	5	上海第一百货公司	上海市虹口区文艺路××号	2022年04月10日18：00	
广州兴隆毛巾厂	广州市天河南路××号	浴巾	纸箱	50	5 000	10	上海第一百货公司	上海市虹口区文艺路××号	2022年04月10日18：00	

　　执行调度陈欣审核了运输计划，查阅了公司班车信息，指派车辆与人员完成集货任务。

　　货车于2022年4月7号15时出发取货，预计3小时完成取货作业回到场站，集货结束时间4月7号19时，预计集货结束后一小时开始装车。于4月8日8点从广州发车，预计4月9日4时到达杭州站，完成卸车后，预计于4月9日10时不更换运输车辆从杭州站出发，预计4月9日13时到达上海站，完成卸车后，预计于4月9日18时完成货物签收。

　　任务：以广兴物流公司调度员陈欣身份填制编号为JHD001的集货单。

任务实施

一、悟素养

　　某物流公司运输部一名员工在进行集货作业时，由于运输货物的品种多数量大，并且即将安排运输，为了缩短时间，没有对运输货物进行详细的清点和验收工作直接搬入发运货位，导致运输货品出错和到货数量不符合，给公司造成损失。

　　阅读后，与同学、老师分享你的所感所思。

　　1.发生该事件的主要原因是什么？

_____

_____

　　2.你认为作为一名货运员，集货作业时应该如何操作和具备什么素质才能避免同类事件的发生？

_____

_____

二、练技能

　　（一）角色分配

　　学生分为学习小组，每组4~6人，担任调度员，共同完成任务，见表3-4-2。

岗位职责

表 3-4-2　任务分工表

岗位	岗位职责	成员姓名
调度员		

根据全班同学情况进行分组,由各组自选组长,并报告老师。由组长给本组成员分配任务,并组织成员完成集货单的填制。

（二）技能展示

步骤1:教师下达任务,任务简剖。

教师根据任务描述的信息给学生进行简单的解释。

步骤2:执行调度汇总运输计划,审核运输信息。

于2022年1月8日,执行调度陈欣收到编号为YSJH20381001的运输计划,通过审核,货物都是从广州运往杭州和上海,查阅了公司班车信息,班车编号为A01,车牌号为粤A608××的班车能满足运输任务,并安排此辆车完成集货作业。

步骤3:调度员根据运输计划缮制集货单。

1.调度员陈欣根据班车信息及运输计划填写单据号、班车编号、车牌号、总重量、始发站、到达站、总数量、总体积,见表3-4-3集货单①。

2.调度员陈欣根据任务描述填写集货截止时间、预计装车时间、发车时间、到站时间,见表3-4-3集货单②。

3.调度员陈欣根据运单信息及运输计划填写运单号及集货货物信息分别为发货人、发货地址、货物名称、包装材料、收货人、件数、重量、体积、备注、甩货说明,序号则按顺序填写阿拉伯数字,见表3-4-3集货单③。

4.调度员陈欣审核完毕后在"制单人"一栏签名,并填写填表时间,见表3-4-3集货单④。

步骤4:集货单转交场站,场站做好货物进站准备。

调度员陈欣填制完集货单后,向公司场站下达集货指令,并将集货单传递给场站站务员,站务员接收单据登记场站台账并及时传递给货运主管,货运主管安排货运员做好集货准备。

步骤5:集货作业操作完毕,货物等待装车发运。

货物进场,站务员按照集货单和运单,验收货物并粘贴货运标签。站务员将验收完毕的货物搬运至指定货位,封垛标识,并对运单做入站扫描,完成集货作业,货物等待装车发运。

[集货单答案]

[集货单填单要求]

[集货单样式]

表 3-4-3　集货单

集货单					
单据号		始发站		集货截止时间	
班车编号		到达站		预计装车时间	
车牌号		总数量/件		发车时间	
①总重量/kg		总体积/m³		② 到站时间	

序号	运单号	发货人	发货地址	货物名称	包装材料	收货人	件数/件	重量/kg	体积/m³	备注
甩货说明	③									
填表人：④					填表时间：		年	月	日	

三、学理论

（一）集货作业的内涵

集货就是将分散的或小批量的物品集中起来，以便进行运输、配送的作业。集货单是场站站务员进行收货、核货、装货的依据之一。

（二）集货单的份数

集货单一般有三联，分别为调度联、场站联和统计联，调度员填写集货单，在货物到达前，将三联集货单全部交给场站货运员。在货物到达时，场站货运员每集完一批货物，就在集货单备注栏填写实际收货情况并签字确认。集货截止，第一联调度员留存备查；第二联货运员留存；第三联交给运输统计，用于登记运输统计台账。

集货作业注意事项

（三）集货单的流转

集货单的流转，如图3-4-1所示。

图3-4-1 集货单流转图

（四）集货单填制注意事项

1.发货人和收货人填写发货人、收货人公司/单位的全称，不是人名称。

2.始发站、到达站：分别填写该班线的始发站信息、到达站信息，格式如"广州"。

3.总件数、总重量、总体积：分别填写所有货物的总数量、货物的总重量、总体积。

4.序号：填写阿拉伯数字，如1，2，3……

5.集货截止时间、预计装车时间、发车时间、到站时间: 根据任务背景填写时间节点, 格式为"YYYY年MM月DD日HH时", 如: 2022年01月01日08时。

四、促评价

小组名称						
成员名字						
评分标准	考评项目		分值	评分依据	自我评价	组长评价
	素养	能积极思考小事件并回答问题	30	小组成员全部完成所感所思: 30分		
				小组成员部分完成所感所思: 20分		
				小组成员全部未完成所感所思: 0分		
		小组合作	10	完成安排的任务并帮助组员: 10分		
				没完成安排的任务: 0分		
	技能	正确填制集货单	30	30个以上: 30分		
				20~30个: 20分		
				20个以下: 10分		
	理论	能描述集货单的流转	30	完全正确: 30分		
				基本正确: 20分		
				完全错误: 0分		
实际得分						
考核结果						

此评价表考核结果: 自我评价占40%, 组长评价占60%。

巩固提高

一、单选题

1.( )就是将分散的或小批量的物品集中起来, 以便进行运输、配送的作业。

A.取派作业　　B.公路运输计划　　C.配送　　D.集货

2.集货单一般有三联, 站场联为第( )联。

A.一　　B.二　　C.三　　D.四

3.集货单中的( )交给运输统计, 用于登记运输统计台账。

A.计划联　　B.场站联　　C.统计联　　D.调度联

4.在集货单流转中, 由( )将集货单转交场站做好货物进站准备。

A.信息员　　B.调度组　　C.场站　　D.司机

5.下列不属于集货验收的是（　　　）。

A.单据验收　　　　B.件数验收　　　　C.货物验收　　　　D.质量验收

二、判断题

1.有一批货物从青岛运往杭州，始发站填"青岛站"。（　　　）

2.吉运物流公司于2022年3月15日12∶00完成取货作业回到场站，集货结束时间13∶00，预计集货结束后一小时开始装车，预计装车时间填写为"2022年03月15日14∶00"。（　　　）

3.青岛伊人服装厂（联系人：洪武；联系电话：0532-563500××）委托万通物流公司（联系人：陈明；联系电话：020-828233××）将货物运输至宁波伊藤商贸公司（联系人：周红；联系电话：0574-843500××），发货人填"万通物流公司"。（　　　）

4.集货单中"发货人和收货人"填写发货人、收货人公司负责人的名字。（　　　）

5.集货单中"总件数、总重量、总体积"分别填写所有货物的总数量、货物的总重量、总体积。

（　　　）

三、制单题

2022年4月7日，广兴物流执行调度陈欣收到编号为YSJH20381001的公路运输计划，货物是从广州运往杭州、上海方向，当天广兴物流又收到展月电商发来的运输业务申请，又有一批货物是从广州运往上海方向，具体内容如下：

运输订单（1）

托运单号：YD00005　要求2022年4月10日18时之前送到目的地。

男士领带：数量：30箱；总重量：100 kg；总体积：3 m³。

女士丝巾：数量：20箱；总重量：50 kg；总体积：2 m³。

收货人：展月电子商务有限公司上海分公司（联系人：李强；联系电话：180667833××，地址：上海普陀真南路××号；邮编：5100××）

执行调度陈欣审核了运输计划和新增运输订单，原计划安排的粤A608××车辆能满足要求，于是指派车辆与人员按原计划完成集货任务。

任务：以广兴物流公司调度员陈欣身份填制编号为JHD0001的集货单。

任务5
填制货物运输交接单

任务目标

◇养成细致严谨的工作作风；
◇了解货物运输交接单的内涵与作用；
◇掌握货物运输交接单的流转；
◇会规范填制货物运输交接单。

任务描述

　　2022年5月10日，广兴物流客服中心林月收到供应商编号为GYS001的客户展月电商发来的发货通知，具体内容见表3-5-1。

表 3-5-1　发货通知单（一）

托运单号	YD001		客户编号	GYS001
托运人	展月电子商务有限公司，联系人：李飞，联系电话：136314456××，地址：广州市番禺区桥南路××号。			
包装方式	纸箱			
货物详情	1.牙膏120 g，100 支/箱，100 箱，总量1 200 kg，体积5 m³； 2.牙膏150 g，100 支/箱，80 箱，总量1 200 kg，体积5 m³； 3.牙膏100 g，100 支/箱，90 箱，总量900 kg，体积4 m³。			
收货人	展月电子商务有限公司武汉分公司，地址：武汉市汉口北大道××号，联系人：高文，电话：135682323××。			
托运要求	要求上门取货和送货，取货地联系信息与托运人联系信息相同，送货地联系信息与收货人联系信息相同； 要求2022年5月15日18时之前送到目的地。			
结算方式	月结			

　　当天，广兴物流还收到展月电商的另一份发货通知，具体内容见表3-5-2。

表 3-5-2　发货通知单（二）

托运单号	YD002		客户编号	GYS001
托运人	展月电子商务有限公司，联系人：李飞，联系电话：136314456××，地址：广州市番禺区桥南路××号。			
包装方式	纸箱			

续表

货物详情	(1) 牙膏150 g, 100 支/箱, 50 箱, 总量750 kg, 体积3 m³; (2) 牙膏120 g, 100 支/箱, 50 箱, 总量600 kg, 体积2 m³。
收货人	一佳生活有限公司武汉分公司, 联系人: 王胜, 联系电话: 154897555××, 地址: 武汉人民路××号。
托运要求	送货
结算方式	月结

广兴物流公司现有部分运力情况见表3-5-3。

表 3-5-3　公司运力情况

姓名	车牌号	联系方式	车辆性质	车容/m³	荷载/t	货厢类型
徐辉	粤A8863×	136764876××	自有	20	6	全厢
张强	粤A7658×	186213324××	自有	25	9	全厢

2022年5月10日7：00时广兴物流取货员和司机到达取货点, 12点完成取货作业返回站场, 站场货运员杨静根据集货单安排完成集货作业, 并将集货情况反馈给调度员陈华。调度员陈华根据实际集货情况编制编号为JJD2022051006的货物运输交接单发给武汉的调度员。

2022年5月10日13点开始运输, 并配一个单独的封箱签, 封号为FH123, 5月12日8点到达武汉站。

任务: 以广兴物流公司调度员陈华的身份填制编号为JJD20220510006的货物运输交接单。

任务实施

一、悟素养

在一次运输中, 某物流公司运输部的一名调度员没有认真核对准备要运输车辆上货物的装车情况, 就在货物交接单上签字确认了, 导致货物到达目的地后, 承托双方对货物数量和内容发生异议, 给公司造成损失。

阅读后, 与同学、老师分享你的所感所思。

1.发生该事件的原因是什么?

_____

_____

2.作为物流公司的调度员,应具备哪些素质才能避免类似事件的发生?

_____

_____

二、练技能

（一）角色分配

学生分为学习小组,每组4~6人,分别担任信息员和调度员,共同完成任务,见表3-5-4。

岗位职责

表 3-5-4 任务分工表

岗位	岗位职责	成员姓名
信息员		
调度员		

根据全班同学情况进行分组,由各组自选组长,并报告老师。由组长给本组成员分配任务,并组织成员完成货物运输交接单的填制。

（二）技能展示

步骤1:调度下达运输指令,车队做好装车准备。

2022年5月10日12：00时,广兴物流开始执行广州—武汉的集货任务,站场货运员杨静将集货单传递给了执行调度。执行调度陈华审核单据后,安排装车发运事宜。由司机徐辉,车牌号粤A8863×（载重6 t、容积20 m³）的车辆执行运输任务,并要求徐辉在发车前做好车辆的检查和维护工作,确保运输安全。

步骤2:制作货物运输交接单。

1.调度员陈华根据场站反馈的集货单,编制5月10日广州—武汉的货物运输交接单的相关信息,货物运输交接单编号为JJD20220510006,填写始发站、目的站、车牌号、车辆性质、核载、车容、发车时间、到站时间及交接单编号,见表3-5-5货物运输交接单①。

货物运输交接单答案

2.调度员陈华根据发货通知信息和集货情况分别填写货物运单的信息,包括货物的运单号、客户名称、包装、货物名称、件数、体积、重量和合计,见表3-5-5货物运输交接单②。

步骤3:货物装车与施封。

1.陈华将制作完成的货物运输交接单及运单一起传递给场站,场站主管接收单据,随即安排货运员杨静处理装车任务,杨静安排两名装卸工准备装车。

货物运输交接单填单要求

2.12：00时,司机徐辉完成待发车辆的检查,与货运员杨静共同监督、指挥装车。13：00时装车完毕。货运员杨静和司机徐辉根据货物运输交接单再次核对已装车的货物,确认无误后,杨静对车辆进行施封,封锁一个,封号为FH123。

3.发站和承运单位完成货物交接手续,双方在货物运输交接单上签名确认并签注发站记事,调度员陈华在"发站调度"中记录,货运员杨静在"发货人"中

货物运输交接单样式

记录,司机徐辉在"司机"中记录,见表3-5-5货物运输交接单③。

4.调度员陈华在制单人、制单时间处填写,见表3-5-5货物运输交接单④。

步骤4:班车发运,离开场站。

货运员将填写完毕的货物运输交接单交给站务员,站务员按照实际装车情况登记场站台账,留存一联,其余的单据交给执行调度。

执行调度留存一联货物运输交接单,随后将核查后的交接单随同其他货运单据交司机随货同行。13∶00时下达发运指令,车辆准时出站开始运输任务。

使用施封锁施封和拆封的规定

表 3-5-5　货物运输交接单

货物运输交接单									
编号①									
始发站		车牌号			核载/t			发车时间	
目的站		车辆性质			车容/m³			预达时间	
序号②	运单号	客户名称	包装	货物名称	件数/件	体积/m³		重量/kg	备注
合计									
发站记事	施封		封锁	枚		封号	随车设备	发站调度	发货人 |司机| 到站调度
到站记事③	收货及货物描述								
制单人:④					制单时间:				

三、学理论

(一)货物运输交接单的种类

货物运输交接单一般有五联:第一联是发站调度联,发站调度按实际集货情况填写公路运输交接单,留存第一联并递交运输统计,记账存档。第二联是分供方联,由司机留存或作为分供方结算依据。第三联是到站调度联,由到站调度员留存并递交运输统计,记账留存。第四联是到站场站联,由到站站务员留存。第五联是发站场站联,由发站站务员留存。

(二)装车配载的原则目标

在保证货物质量与数量完好的前提下,尽可能提高车辆的装载率和车辆的利用率,节省运力,降低配送成本。

(三)货物运输交接单的流转

货物运输交接单的流转,如图3-5-1所示。

下达指令	填制单据	记录铅封	交接单据
调度员下达运输指令，车队做好装车准备	调度员填写"货物运输交接单"连同运单传递给站场	货车装车车铅封后，货运员发站记事栏进行记录	调度员将货物运输交接单填写完毕并交给站务员

图3-5-1　货物运输交接单流转图

（四）配送车辆积载的原则

在明确了客户的配送顺序后，就要考虑车辆积载的问题，为了提高配送效率、降低配送成本和减少货损货差，车辆积载应遵循如下原则：

1.装车的顺序：先送后装；

2.轻重搭配：重不压轻；

3.大小搭配：大不压小；

4.货物性质搭配：三一致原则；

5.到达同一地点的适合配载的货物应尽可能一次积载；

6.确定合理的堆码层次与方法；

7.积载时不允许超过车辆所允许的最大载重量；

8.积载时车厢内货物重量应分布均匀；

9.应防止车厢内货物之间碰撞、相互玷污。

四、促评价

小组名称						
成员名字						
	考评项目	分值	评分依据		自我评价	组长评价
评分标准	素养	能积极思考小事件并回答问题	30	小组成员全部完成所感所思：30分		
				小组成员部分完成所感所思：20分		
				小组成员全部未完成所感所思：0分		
		小组合作	10	完成安排的任务并帮助组员：10分		
				没完成安排的任务：0分		
	技能	正确填制货物运输交接单	30	15个以上：30分		
				10~15个：20分		
				10个以下：10分		
	理论	能描述货物运输交接单的流转	30	完全正确：30分		
				基本正确：20分		
				完全错误：0分		
	实际得分					
考核结果						

此评价表考核结果：自我评价占40%，组长评价占60%。

巩固提高

一、单选题

1.货物运输交接单一般有五联,第一联是(　　),发站调度按实际集货情况填写公路运输交接单,留存第一联并递交运输统计,记账存档。

A.发站调度联　　　　B.供方联　　　　　　C.调度联　　　　　　D.场站联

2.装车的顺序是(　　)。

A.性质搭配　　　　　B.先送后装　　　　　C.大不压小　　　　　D.重不压轻

3.轻重的搭配顺序是(　　)。

A.性质搭配　　　　　B.先送后装　　　　　C.大不压小　　　　　D.重不压轻

4.下列不是配送车辆积载原则的是(　　)。

A.后送先装　　　　　B.大不压小　　　　　C.重不压轻　　　　　D.性质搭配

5.运输交接单中(　　)是发站调度按实际集货情况填写公路运输交接单。

A. 到站调度联　　　　B.发站调度联　　　　C.到站场站联　　　　D.发站场站联

二、判断题

1.积载时允许超过车辆所允许的最大载重量。　　　　　　　　　　　　　(　　)

2.货运司机要在发车前做好车辆的检查和维护工作,确保运输安全。　　　(　　)

3.在发站记事中,货运员杨静在"发站调度"中记录,调度员陈华在"发货人"中记录,司机徐辉在"司机"中记录。　　　　　　　　　　　　　　　　　　　　　　　(　　)

4.装车配载的原则目标是在保证货物质量与数量完好的前提下,尽可能提高车辆的装载率和车辆的利用率。　　　　　　　　　　　　　　　　　　　　　　　　　　(　　)

5.车辆积载时,为了减少或避免差错在装车时尽量把外观相近、容易混淆的货品分开。
　　　　　　　　　　　　　　　　　　　　　　　　　　　　　　　　(　　)

三、制单题

2022年5月20日,广兴物流客服中心林月接到好食有限公司(运单编号:YD003,地址:广州市天河区天河北××号,联系人:唐昊,电话:020-5879××××,邮编:5106××)的业务需求,经双方商讨,签订货物托运合同,从广州工厂将货品运至该公司的北京销售处。合同中涉及的托运货物如下:

1.好食鸡腿,100件,包装纸箱,总量1 300 kg,体积8 m³。

2.好食辣条,100件,包装纸箱,总量1 200 kg,体积8 m³。

3.好食饼干,100件,包装纸箱,总量1 300 kg,体积8 m³。

广州调度部门员工董昀根据任务描述中表3-5-3公司运力情况选择车辆后,负责编制运单和发货,发送给北京的调度员王明运输交接单YSJJD1293。5月21日7点到达取货点,16点完成取货作业,并开始运输作业,配一个单独的封箱签,签号FH123,5月24日13点到达北京调度站。

任务:以广兴物流公司调度员董昀的身份,编制单号为JJD1520的货物运输交接单。

项目 4
国际货运代理单证业务

☐ 项目综述

国际货运代理是指根据客户的指示，并为客户的利益而揽取货物的人，其本人并不是承运人；也可以用来指从事与运输合同有关的活动，如储货、报关、验收、收款等。国际货运代理是实现物流的一个载体，即提供服务或者从事物流的机构。

国际货运单证是国际货物运输流程中可能需要的进出口相关文件。为了保证进出口货物的安全交接，这些单证各有其特定的用途，彼此之间又相互依存。它们既把船、港、货各方联系在一起，又分清了各自的权利和义务。本项目主要学习商业发票、集装箱装箱单、设备交接单、装货单、海运提单、出口货物报关单、进口货物报关单的流转、缮制及应用。

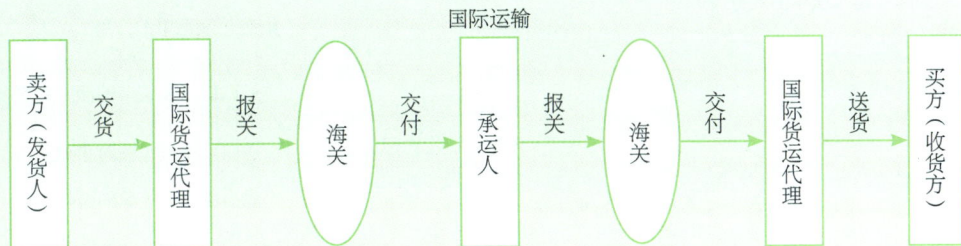

国际运输

卖方（发货人） →交货→ 国际货运代理 →报关→ 海关 →交付→ 承运人 →报关→ 海关 →交付→ 国际货运代理 →送货→ 买方（收货方）

国际货运代理业务流程图

☐ 项目目标

素养目标
◇逐渐形成细致严谨与责任担当的意识；
◇树立诚实守信与严谨细致的职业意识；
◇培养知法懂法的法律意识。

知识目标
◇熟悉国际货运代理相关岗位的工作职责；
◇了解国际货运代理单据的内涵与作用；
◇掌握国际货运代理相关单证的流转。

能力目标
◇会运用国际货运代理的知识分析任务信息；

◇会规范填制国际货运代理相关单证;

◇能处理国际货运代理相关单证填制时的特殊情况。

项目思维导图

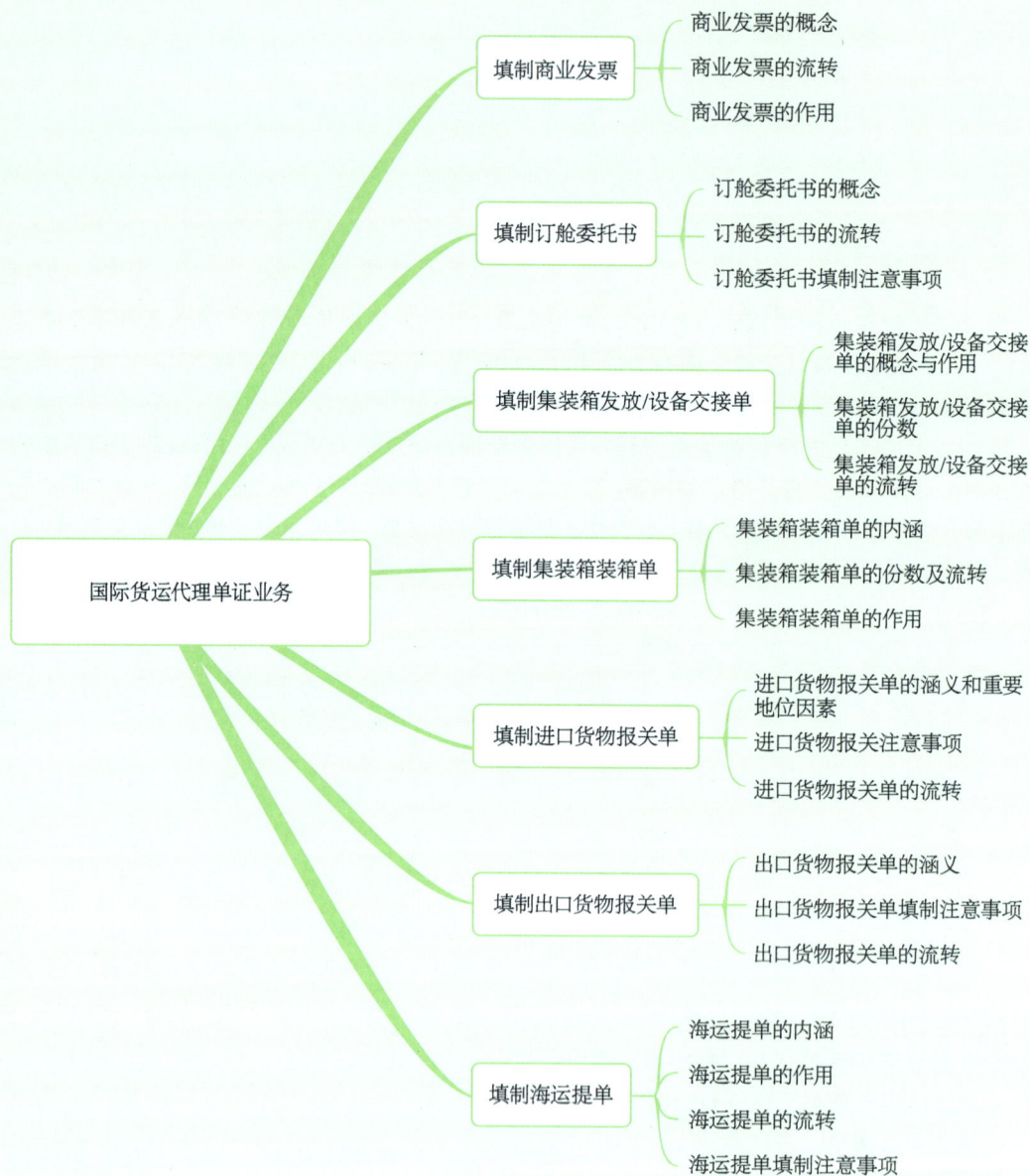

- 国际货运代理单证业务
  - 填制商业发票
    - 商业发票的概念
    - 商业发票的流转
    - 商业发票的作用
  - 填制订舱委托书
    - 订舱委托书的概念
    - 订舱委托书的流转
    - 订舱委托书填制注意事项
  - 填制集装箱发放/设备交接单
    - 集装箱发放/设备交接单的概念与作用
    - 集装箱发放/设备交接单的份数
    - 集装箱发放/设备交接单的流转
  - 填制集装箱装箱单
    - 集装箱装箱单的内涵
    - 集装箱装箱单的份数及流转
    - 集装箱装箱单的作用
  - 填制进口货物报关单
    - 进口货物报关单的涵义和重要地位因素
    - 进口货物报关注意事项
    - 进口货物报关单的流转
  - 填制出口货物报关单
    - 出口货物报关单的涵义
    - 出口货物报关单填制注意事项
    - 出口货物报关单的流转
  - 填制海运提单
    - 海运提单的内涵
    - 海运提单的作用
    - 海运提单的流转
    - 海运提单填制注意事项

项目背景

广兴物流有限公司(简称:广兴物流)是一家专门从事仓储、配送、运输、国际物流业务的第三方物流企业,其国际物流业务主要包括揽货、订舱(含租船、包机、包舱)、托运、仓储、包装、报关、报检、报验、保险、国际多式联运、集运(含集装箱拼箱)及其他相关国际货运代理业务。

　　展月电子商务有限公司（简称：展月电商）是广兴物流的长期合作企业，其主营业务范围是服饰、日用品、小家电等。公司产品在国内市场及国际市场享有较高的声誉，销售遍及全国各大城市，并远销日本、韩国、东南亚、中东及欧美等国家和地区。

　　注：本项目中涉及的商品均为虚拟商品。

任务1
填制商业发票

任务目标

◇树立诚实守信的工作意识；

◇了解商业发票的定义与作用；

◇掌握商业发票的流转；

◇会规范填制商业发票。

任务描述

　　2022年5月20日，展月电子商务有限公司与韩国YAYA TRADING COMPANY签订出口女士连衣裙的合同。请根据合同内容及相关资料，填制商业发票。

展月电子商务有限公司

NO.××,SOUTH TIANHE RD.,GUANGZHOU,CHINA

TEL: 1516721×××　　　　　　　　　S/C N0.: 22DE222EE

FAX: 020-2282×××　　　　　　　　DATE: MAY 20,2022

TO: YAYA TRADING COMPANY

××-××,KYUTARO-MACHI4-CHOME

CHUO-KU,BUSAN,KOREA

DEAR SIRS,

WE HEREBY CONFIRM HAVING SOLD TO YOU THE FOLLOWING GOODS ON TERMS AND CONDITIONS AS SPECIFIED BELOW:

MARKS AND NO.	DESCRIPTIONS OF GOODS	QUANTITY	MEASUREMENT	UNIT PRICE	AMOUNT
N/M	WOMEN'S SKIRT	2 000PCS	5M^3	CIF BUSAN USD12.00/PC	USD24 000.00

展月电子商务有限公司收到韩国 YAYA TRADING COMPANY发来的信用证,信用证部分信息资料如下:

1.THE SELLER: ZHANYUE E-COMMERCE CO.,LTD.

NO.××,SOUTH TIANHE RD.,GUANGZHOU,CHINA

2.THE BUYER: YAYA TRADING COMPANY

××-××,KYUTARO-MACHI4-CHOME

CHUO-KU,BUSAN,KOREA

3.DESCRPT OF GOODS: WOMEN'S SKIRT(CONTRACT N0.22DE222EE)

H.S.CODE: 6106.1000 GOODS AS PER PROFORMA INVOICE 11345644000 DD06.01,2022

CIF BUSAN,KOREA

4.S/C N0.: 22DE222EE

5.PORT OF LOADING: GUANGZHOU,CHINA

6.PORT OF DISCHARGE: BUSAN,KOREA

7.L/C NO.: G/FO-7752807

8.DATE OF ISSUE: 220606

9.DRAWEE: THE SUMITOMO BANK,LTD.BUSAN

经过紧张的生产,展月电商完成女士连衣裙的备货,委托广兴物流所定的船期为:2022年6月20日,船名航次: DANU BHUM V.S009。2022年6月10日,展月电商业务部单证员黄华根据合同和信用证信息填制了抬头为韩国 YAYA TRADING COMPANY的商业发票,编号为 RU35908,发票授权签字人是张关。

任务: 以展月电子商务有限公司业务部单证员黄华身份填制"商业发票"。

任务实施

一、悟素养

某一物流公司负责人花某某,为了骗取出口退税、抵扣税款,私下找来与自己公司无业务往来的另一公司帮忙虚开发票,数额巨大。花某某的行为已触犯刑法,被法院提起诉讼,并受到了法律的严惩。

阅读后,与同学、老师分享你的所感所思。

1.发生该事件的主要原因是什么?

_____

_____

2.你认为在市场经济活动中,我们应具备什么样的素质才能避免同类事件的发生?

_____

_____

二、练技能

（一）角色分配

学生分为学习小组，每组4~6人，分别担任单证员和发票授权人，共同完成任务，见表4-1-1。

岗位职责

表 4-1-1　任务分工表

岗位	岗位职责	成员姓名
单证员		
发票授权人		

根据全班同学情况进行分组，由各组自选组长，并报告老师。由组长给本组成员分配任务，并组织成员完成商业发票的填制。

（二）技能展示

步骤1：教师下达任务，任务简剖。

教师根据任务描述的信息给学生进行简单的解释。

步骤2：阅读合同、任务描述以及信用证中的内容，获取信息，填制单据。

1.单证员黄华根据合同的买卖双方的信息、编号和日期填写SELLER、BUYER、CONTRACT NO.与DATE的内容，见表4-1-2商业发票①。

2.单证员黄华根据合同的信息，填写唛头、货品描述、数量、单价与总价的内容，见表4-1-2商业发票②。

3.单证员黄华根据信用证的内容填写信用证号码、签发日期以及开证银行的内容，见表4-1-2商业发票③。

4.单证员黄华根据信用证的内容以及订舱信息填写起运港、目的港、船名航次以及交易条件的内容，见表4-1-2商业发票④。

步骤3：发票授权人盖章签字确认，完成商业发票的填制。

单证员黄华把缮制的商业发票拿给发票授权人盖章签字，完成商业发票的出票签字工作，见表4-1-2⑤。

商业发票答案

商业发票填单要求二维码

表 4-1-2　商业发票

COMMERCIAL INVOICE		
SELLER ①	INVOICE NO.	INVOECE DATE
	L/C NO.	DATE
	ISSUED BY	③

BUYER	CONTRACT NO.		DATE		
	FROM		TO		
	SHIPPED BY		PRICE TERM		④
MARKS	DESCRIPTION OF GOODS		QTY	UNIT PRICE	AMOUNT
②					
			ISSUED		
			SIGNATURE		⑤

三、学理论

（一）商业发票的概念

商业发票是由卖方开出的有关货物或者服务的价目清单。通常，在商业发票中列明了每种商品的质量、数量、价格以及支付条款等内容。其他单据也都是以商业发票为基础来进行准备的。

商业发票由出口商自行拟制，无统一格式，但基本内容和填制方法基本相同。

（二）商业发票的流转

商业发票的流转，如图4-1-1所示。

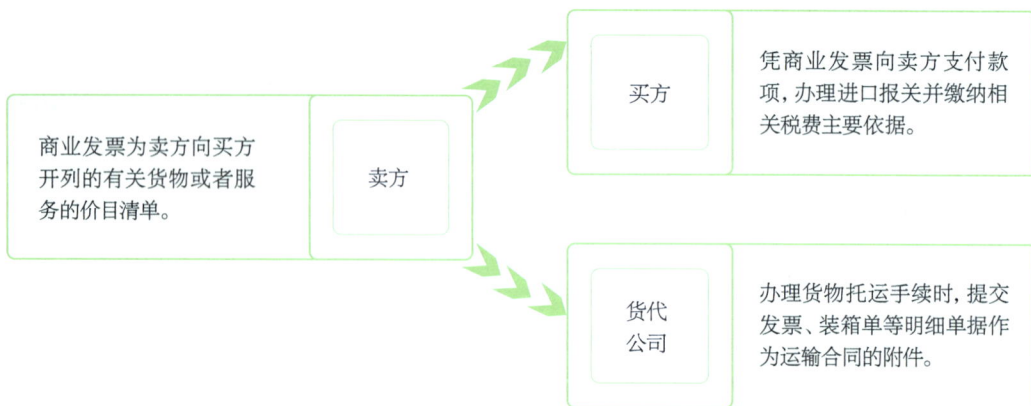

商业发票样式二维码

香港发票

图4-1-1 商业发票流转图

（三）商业发票的作用

1.发票是买卖双方发生交易的合法证明文件，是货运单据的中心单据，是装货的总说明。

2.发票是买卖双方收付货款和财务记账的重要依据。

3.发票是买卖双方办理进出口报关并缴纳相关税费的重要依据。

4.发票是卖方办理货物出口托运、货物保险、出口退税必须提交的文件之一。

5.在不用汇票的情况下，发票可以代替汇票作为付款依据。

四、促评价

小组名称						
成员名字						
评分标准	考评项目		分值	评分依据	自我评价	组长评价
	素养	能积极思考小事件并回答问题	30	小组成员全部完成所感所思：30分		
				小组成员部分完成所感所思：20分		
				小组成员全部未完成所感所思：0分		
		小组合作	10	完成安排的任务并帮助组员：10分		
				没完成安排的任务：0分		
	技能	正确填制商业发票	30	15个以上：30分		
				10~15个：20分		
				10个以下：10分		
	理论	能描述商业发票的作用	30	完全正确：30分		
				基本正确：20分		
				完全错误：0分		
实际得分						
考核结果						

此评价表考核结果：自我评价占40%，组长评价占60%。

🔲 巩固提高

一、中英互译题

Column A　　　　　　　　Column B

（　　）1.Commercial Invoice　　　A.货物描述

（　　）2.Discription of Goods　　　B.单价

（　　）3.S/C　　　　　　　　　C.信用证

( ) 4.L/C   D.销售合同

( ) 5.Unit Price   E.商业发票

二、判断题

1.商业发票由出口商自行拟制，格式都要统一。   ( )

2.形式发票是一种正式发票，是卖方对潜在的买方报价的一种形式。   ( )

3. BUYER（买方）填写合同中出口方单位名称，填写英文名称。   ( )

4.发票是买卖双方收付货款和财务记账的重要依据。   ( )

5.商业发票是由买方开出的有关货物或者服务的价目清单。   ( )

三、制单题

2022年6月12日，展月电商收到韩国YAYA TRADING COMPANY变更销售合同的通知（S/C NO.: 22DE282EE, DATE: JUN.12, 2022），根据合同内容，出口女士连衣裙增加到8 000件，货品的总金额变更为9.6万美元，其他条款均无变化。

2020年6月15日，展月电商收到韩国 YAYA TRADING COMPANY发来的信用证变更通知，信用证部分信息变更如下，其他条款均无变化。

1.L/C NO.: G/FO-7752810

2.DATE OF ISSUE: 220615

3.DRAWEE: THE SUMITOMO BANK, LTD.BUSAN

展月电商委托广兴物流变更船期为：2022年6月25日，船名航次：DANU BHUM V.S008。2022年6月22日，展月电商业务部单证员黄华根据合同和信用证信息重新填制了抬头为韩国YAYA TRADING COMPANY的商业发票，编号为 RU36123，发票授权签字人是张关。

任务：以展月电商业务部单证员黄华身份填制"商业发票"。

>>>>> 任务2
填制订舱委托书

任务目标

◇逐渐形成细致严谨与责任担当的意识；
◇了解订舱委托书的内涵与作用；
◇掌握订舱委托书的流转；
◇会规范填制订舱委托书。

任务描述

2022年4月24日，展月电商与韩品贸易有限公司签订销售合同。2022年4月25日，展月电商委托广兴物流负责办理租船订舱业务，货物到达韩国釜山后联系韩品贸易有限公司的负责人李远，电话：82-051-865033××。

展月电商的业务员徐海填制"订舱委托书"给广兴物流并负责与广兴物流操作员叶红对接此次租船订舱任务。

合同信息：

1.合同编号：20220424

2.货物信息：棉质长裙（Cotton Dress）L码

3.包装信息：600纸箱；100件/箱

4.重量信息：净重，15 t；毛重，15.2 t

5.体积信息：24 m^3

6.价格信息：12.00美元/件

7.标记唛头：N/M

8.最迟装运时间：2022年05月10日

LETTER OF CREDIT

27: SEQUENCE OF TOTAL: 1/1

40A: FORM OF DOCUMENTARY CREDIT: IRREVOCABLE

20: DOCUMENTARY CREDIT NUMBER: XYZ123456789

31C: DATE OF ISSUE: 220425

40E: APPLICABLE RULES: UCP LATEST VERSION

31D: DATE AND PLACE OF EXPIRY: 220520 CHINA

50: APPLICANT: HANPIN TRADING CO.,LTD.

　　　　　　No.2××,ZHONGXING RD.,BUSAN,KOREA

59: BENEFICIARY: ZHANYUE E-COMMERCE CO.,LTD.

　　　　　　NO.××,SOUTH TIANHE RD.,GUANGZHOU,CHINA

32B: CURRENCY CODE,AMOUNT: USD720000.00

41A: AVAILABLE WITH⋯BY⋯: CONSTRUCTION BANK OF CHINA

42C: DRAFTS AT⋯: 15 DAYS AFTER SIGHT

42A: DRAWEE: BANK OF KOREA

43P: PARTIAL SHIPMENTS: NOT ALLOWED

43T: TRANSHIPMENT: NOT ALLOWED

44E: PORT OF LOADING/AIRPORT OF DEPARTURE: GUANGZHOU

44F: PORT OF DISCHARGE/AIRPORT OF DESTINATION: BUSAN BY SEA

44C: LATEST DATE OF SHIPMENT: 220510

45A: DESCRIPTION OF GOODS AND/OR SERVICES: 600 CASES COTTON DRESS SIZE: L CIF BUSAN

任务: 以业务员徐海的身份填制"订舱委托书"。

任务实施

一、悟素养

某物流公司货代部的操作员收到客户发来的订舱委托书后，没有与客户核对信息就马上联系船公司进行租船订舱。由于装船期限弄错，延误了交货期，导致了客户的损失，因此客户要对物流企业进行追责。

阅读后, 与同学、老师分享你的所感所思。

1.发生该事件的主要原因是什么?

_____

_____

2.你认为作为一名物流企业货代部的操作员要具备什么素质才能避免同类事件的发生?

_____

_____

二、练技能

（一）角色分配

学生分为学习小组，每组4~6人，分别担任电商企业业务员和物流公司货代部操作员，共同完成任务，见表4-2-1。

岗位职责

表 4-2-1　任务分工表

岗位	岗位职责	成员姓名
业务员（电商企业）		
货代部操作员（物流企业）		

根据全班同学情况进行分组，由各组自选组长，并报告老师。由组长给本组成员分配任务，并组织成员完成订舱委托书的缮制。

（二）技能展示

步骤1: 教师下达任务, 任务简剖。

教师根据任务描述的信息给学生进行简单的解释。

步骤2: 展月电商业务员缮制订舱委托书。

2022年4月25日, 展月电商业务员根据和韩品贸易有限公司签订的合同内容以及信用证等相关资料, 缮制订舱委托书。

1.根据信用证中APPLICANT、BENEFICIARY的内容填写订舱委托书中的发货人、收货人和通知人三个栏目的内容, 见表4-2-2订舱委托书①。

订舱委托书答案

2.根据合同信息中的合同号和信用证中DRAWEE、AMOUNT、PORT OF DISCHARGE、PORT OF LOADING、PARTIAL SHIPMENTS、TRANSHIPMENT、DATE AND PLACE OF EXPIRY、LATEST DATE OF SHIPMENT、DESCRIPTION OF GOODS的内容填写开证银行、合同号码、成交金额、装运口岸、目的港、装船运输、分批装运、信用证有效期、装船期限、运费、成交条件、公司联系人、电话/传真、公司开户行等14个栏目的内容, 见表4-2-2订舱委托书②。

3.根据合同信息中的标记唛头、货物信息、包装信息、重量信息、价格信息的内容填写标记唛码、货品描述、货号规格、包装件数、毛重、净重、数量、单价、总价、总件数、总毛重、总净重、总尺码、总金额等14个栏目的内容, 表4-2-2订舱委托书③。

订舱委托书填单要求

步骤3: 广兴物流公司操作员进行租船订舱。

广兴物流操作员收到订舱委托书后, 再与展月电商进行信息核对, 核对无误后向船公司进行租船订舱, 安排货物托运。

表 4-2-2　订舱委托书

订舱委托书								
发货人			开证银行					
			合同号码			成交金额		
			装运口岸			目的港		
收货人			转船运输			分批装运		
			信用证有效期			装船期限		
			运费			成交条件		
			公司联系人			电话/传真		
通知人	①		公司开户行			银行账号		
			特别要求					②
标记唛码	货品描述	货号规格	包装件数	毛重	净重	数量	单价	总价
			总件数	总毛重	总净重	总尺码		总金额
								③
备注								

三、学理论

(一)订舱委托书的概念

订舱委托书（Booking Note），简称订舱单或托书，是进口商或出口商为了买卖商品，通过船公司和货代公司进行船运订舱的申请书。

订舱委托书没有固定格式，不同进出口公司缮制的托书不尽相同，但主要内容都包含在内，其中主要包括托运人、收货人、装货港、卸货港、唛头、货物描述、货物毛重、货物体积、运费的支付方式，所订船期，订舱章以及其他需求要在订舱委托书体现，例如目的港免用箱期申请等。

(二)订舱委托书的流转

订舱委托书的流转，如图4-2-1所示。

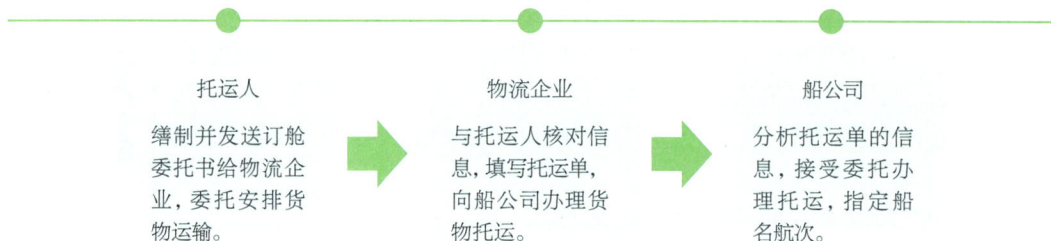

| 订舱委托书样式 |
| 订舱委托书与托运单的区别 |

托运人

缮制并发送订舱委托书给物流企业，委托安排货物运输。

物流企业

与托运人核对信息，填写托运单，向船公司办理货物托运。

船公司

分析托运单的信息，接受委托办理托运，指定船名航次。

图4-2-1 订舱委托书流转图

(三)订舱委托书填制注意事项

1.通知人填写的是接受船方发出到货通知的人名称，一般也可以填写销售确认书的收货人名称。

2.装运口岸和卸货口岸填写的是信用证规定的起运地和卸货地要注意格式是：口岸名称+国家名称。

3.货物毛重与净重填写的是单件货物的毛重与净重并写上对应的计重单位。

4.要注意"包装件数"与"数量"的区别，包装件数填写的是货物交易的包装数量与包装方式，一般情况下是指外包装；数量填写的是货物交易的实际件数。

四、促评价

小组名称						
成员名字						
	考评项目		分值	评分依据	自我评价	组长评价
评分标准	素养	能积极思考小事件并回答问题	30	小组成员全部完成所感所思：30分		
				小组成员部分完成所感所思：20分		
				小组成员全部未完成所感所思：0分		

续表

	考评项目		分值	评分依据	自我评价	组长评价
评分标准	素养	小组合作	10	完成安排的任务并帮助组员：10分		
				没完成安排的任务：0分		
	技能	正确填制订舱委托书	30	15个以上：30分		
				10~15个：20分		
				10个以下：10分		
	理论	能描述订舱委托书的流转	30	完全正确：30分		
				基本正确：20分		
				完全错误：0分		
实际得分						
考核结果						

此评价表考核结果：自我评价占40%，组长评价占60%。

▣ 巩固提高

一、单选题

1.订舱委托书中开证行应该填写的是（　　）的英文名称。

A.信用证的开证银行　B.信用证的议付行　C.信用证的通知行　D.信用证的保兑行

2.合同中，货物的总净重为6 t，总件数为600件，订舱委托书中货物的净重应填写（　　）。

A.6 t　　　　　　B.6 K　　　　　　C.6　　　　　　D. 10

3.在订舱委托书的流转中，由（　　）缮制并发送订舱委托书给物流企业，委托安排货物运输。

A.物流企业　　　　　B.托运人　　　　　C.船公司　　　　　D.承运人

4.（　　）是进口商或出口商为了买卖商品，通过船公司和货代公司进行船运订舱的申请书。

A.报检委托书　　　　B.报关委托书　　　　C.订舱委托书　　　　D.托运委托书

5.在订舱委托书的流转中，由（　　）分析托运单的信息，接受委托办理托运，指定船名航次。

A.物流企业　　　　　B.托运人　　　　　C.船公司　　　　　D.承运人

二、判断题

1.填写订舱委托书中的成交条件时，应根据信用证条款中的贸易术语进行填写，填制格式为"贸易术语+装运港/目的港"。 　　　　　　　　　　　　　　　　（　　）

2.填写订舱委托书时,"数量"栏目填写的是货物交易的包装数量与包装方式,一般情况下是指外包装。 （ ）

3.订舱委托书是进口商或出口商为了买卖商品,通过船公司和货代公司进行船运订舱的申请书。 （ ）

4.订舱委托书中"通知人"一般可以填写销售确认书的发货人名称。 （ ）

5.订舱委托书中装运口岸和卸货口岸填写的是信用证规定的起运地和卸货地。 （ ）

三、制单题

受疫情影响,韩品贸易有限公司在韩国的棉质长裙的销售量急剧下降,经和展月电商接洽,双方同意把出口量降低为300箱,出口日期提前到2022年5月5日。双方修订了合同与信用证的内容后,展月电商的业务员徐海重新填制"订舱委托书"给广兴物流并负责与广兴物流货代部操作员叶红对接此次租船订舱任务。

修改的信息如下:

1.包装信息:300纸箱;100件/箱。

2.重量信息:净重,7.5 t;毛重,7.51 t。

3.体积信息:12 m³。

4.货物总值:360 000.00美元。

5.最迟装船日期:2022年5月5日。

任务:以业务员徐海的身份填制"订舱委托书"。

任务3
填制集装箱发放/设备交接单

任务目标

◇逐渐形成学生严谨细致的职业意识；
◇了解集装箱发放/设备交接单的概念与作用；
◇掌握集装箱发放/设备交接单的流转；
◇会规范填制集装箱发放/设备交接单。

任务描述

2022年4月10日，广兴物流公司接到展月电商的委托运输一批医疗器械到德国汉堡，广兴物流立马安排货代部操作员李丽租船订舱，订舱确认后，广兴物流调度部为展月电商办理托卡事宜。调度部操作员张帆接到调度部通知，负责提箱装箱业务，车牌号：粤A67H××，4月12日张帆持订舱确认书见表4-3-1和押箱费到航运中心的箱管科提箱，集装箱免费使用期限为自提箱之日起21天。

表 4-3-1　订舱确认书

中国船舶代理广州分公司
订舱确认书

现有广兴物流有限公司经我司订舱予以配中顺船运公司，COSCO MANKA 0079R，预计到港日期：APR.14, 2022，开船时间：APR.19, 2022，需用COSCO公司一个20英尺普通集装箱，提单号为：HF68752345，提箱地点：中顺船运公司南沙港集装箱堆场，箱号：COSCO1245965，封号：FF32544，请届时放箱。谢谢！

船代加盖
签单章

签发人：蒋晓琴

任务：以广兴物流公司调度部操作员张帆的身份填制集装箱发放/设备交接单。

任务实施

一、悟素养

某物流公司根据托运人的要求办理好租船订舱后，船公司开具集装箱发放/设备交接单，该物流公司安排操作员负责提箱，但该操作人员提取空箱后未仔细核查集装箱箱号及规格就签字离场，在装箱时才发现装箱单的集装箱号和规格与实际不符，导致货物没能按时装箱，错过装船时间，给托运人造成巨大损失。

阅读后，与同学、老师分享你的所感所思。

1.发生该事件的主要原因是什么,谁应该承担此次损失?

_____

_____

2.你认为作为物流公司货代部的操作员要具备什么素质才能避免同类事件的发生?

_____

_____

岗位职责

二、练技能

（一）角色分配

学生分为学习小组,每组4~6人,分别担任箱管中心工作人员、调度部操作员和码头堆场值班员,共同完成任务,见表4-3-2。

表4-3-2　任务分工表

岗位	岗位职责	成员姓名
箱管中心工作人员		
操作员		
码头堆场值班员		

根据全班同学情况进行分组,由各组自选组长,并报告老师。由组长给本组成员分配任务,并组织成员完成集装箱发放/设备交接单的填制。

（二）技能展示

步骤1：教师下达任务,任务简剖。

教师根据任务描述的信息给学生进行简单的解释。

步骤2：调度部操作员到堆场提空箱。

广兴物流收到订舱确认后,安排调度部操作员张帆携带订舱确认书来到南沙港集装箱堆场提箱,箱管中心收到订舱确认书和押箱费后,在集装箱发放/设备交接单中填写用箱人/运箱人、提箱地点、来自地点,返回/收箱地点待集装箱归还时填写,此处暂时不用填写,见表4-3-3集装箱发放/设备交接单①。

步骤3：调度部操作员阅读订舱确认书及任务描述中的内容,填写集装箱发放/设备交接单。

1.调度部操作员张帆依据订舱确认书的信息填写船名/航次、集装箱号、尺寸/类型、营运人、提单号、铅封号、免费期限及运载工具牌号,见表4-3-3集装箱发放/设备交接单②。

2.调度部操作员张帆提取空箱后检查集装箱的状态,包括清洁程度、外观是否有破损,填写出场目的/状态及出场检查记录,见表4-3-3集装箱发放/设备交接单③。

步骤4：检查集装箱,核查单据。

调度部操作员与码头堆场值班员陈一鸣一同检查集装箱,核查单据无误后签名确认,表4-3-3集装箱发放/设备交接单④。

集装箱发放设备交接单答案

集装箱发放设备交接单填单要求

集装箱发放设备交接单样式

表 4-3-3　集装箱发放 / 设备交接单

集装箱发放 / 设备交接单 EQUIPMENT INTERCHANGE RECEIPT		OUT　出场 NO.	
用箱人 / 运箱人（CONTAINER USER/HAULLER）		提箱地点（PLACE OF DELIVERY）	
来自地点（DELIVERED TO）		返回 / 收箱地点（PLACE OF RETURN）①	
航名 / 航次（VESSEL/VOYAGE NO.）	集装箱号（CONTAINER NO.）	尺寸 / 类型（SIZE/TYPE）	营运人（CNTR.OPTR）
提单号（B/L NO.）	铅封号（SEAL.NO.）	免费期限（FREE TIME PERIOD）	运载工具牌号（TRUCK NO.）
			②
出场目的 / 状态（PPS OF GATE-OUT/STATUS）		进场目的 / 状态（PPS OF GATE-IN/ STATUS）	进场日期（TIME-IN）
出场检查记录（INSPECTION AT THE TIME OF INTERCHANGE）			
普通集装箱（GP CONTAINER）	冷藏集装箱（RF CONTAINER）	特种集装箱（SPECIAL CONTAINER）	发电机（GEN SET）
□正常　　□异常	□正常　　□异常	□正常　　□异常	□正常　　□异常
损坏记录及代号（DAMAGER & CODE） BR 破损（BROKEN）D 凹损（DENT）　M 丢失（MISSING）　DR（DIRTY）　DL 危标（DG LABEL）无　③			
左侧（LEFT SIDE）右侧（RIGHT SIDE） 前部（FRONT）集装箱内部（CONTAINER INSIDE） 顶部（TOP）底部（FLOOR BASE）箱门（REAR）		如有异状，请注明程度及尺寸（REMARK）司机务必确认箱体完好清洁并盖章	
除列明者外, 集装箱及集装设备交换时完好无损, 铅封完整无误。 THE CONTAINER / ASSOCIATED EQUIPMENT INTERCHANGED IN SOUND CONITION AND SEAL AINTACT UNLESS OTHERWISE STATED			
用箱人 / 运箱人签署（CONTAINER USER/HAUL IERS SIGNATURE）		码头堆场值班员签署　④（TERMINAL/DEPOT CLERKS SIGNATURE）	
第一联: 船公司（船代）　　　　第二联: 码头, 堆场　　　　第三联: 用箱人, 运箱人			

三、学理论

(一)集装箱发放/设备交接单的概念与作用

集装箱设备交接单,是指进出港区、场站时,用箱人、运箱人与管箱人或其代理人之间交接集装箱的凭证。拥有和管理集装箱的船公司或代理人与使用集装箱运输的人共同签署有关设备交接的协议。设备交接单分出场(港)和进场(港)设备交接单两种。

当集装箱或机械设备在集装箱码头堆场或货运站借出或回收时,由码头堆场或货运站制作设备交接单,经双方签字后,作为两者之间设备交接的凭证。

(二)集装箱发放/设备交接单的份数

集装箱发放/设备交接单一式六联,上面三联用于出场,印有"OUT出场"字样,第一联是盖船公司或船代的章,集装箱堆场凭其发箱,由船公司或船代留底,第二联由集装箱堆场发箱后留存,第三联由提箱人留存;下面三联用于进场,印有"IN进场"字样。该三联是在货物装箱后送到港口作业区堆场时交接之用,其中第一、二联由送箱人交付港区闸口,第一联转给船方据以掌握集装箱的动向,第二联留港区,送箱人自己留第三联作为存根。

(三)集装箱发放/设备交接单的流转

集装箱发放/设备交接单的流转,如图4-3-1所示。

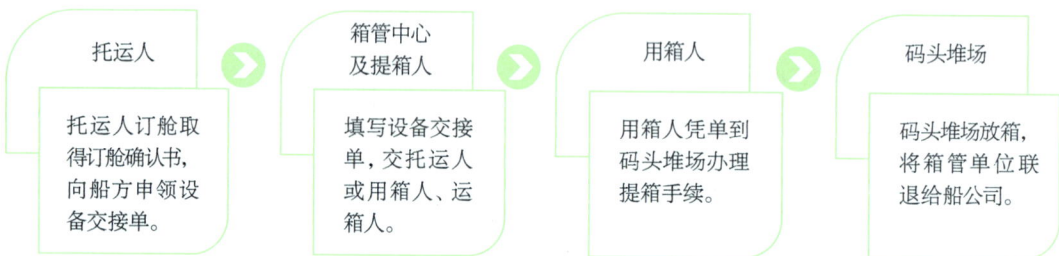

托运人	箱管中心及提箱人	用箱人	码头堆场
托运人订舱取得订舱确认书,向船方申领设备交接单。	填写设备交接单,交托运人或用箱人、运箱人。	用箱人凭单到码头堆场办理提箱手续。	码头堆场放箱,将箱管单位联退给船公司。

图4-3-1　集装箱发放/设备交接单流转图

四、促评价

小组名称						
成员名字						
		考评项目	分值	评分依据	自我评价	组长评价
评分标准	素养	能积极思考小事件并回答问题	30	小组成员全部完成所感所思:30分		
				小组成员部分完成所感所思:20分		
				小组成员全部未完成所感所思:0分		

续表

	考评项目	分值	评分依据	自我评价	组长评价
评分标准	素养　小组合作	10	完成安排的任务并帮助组员：10分		
			没完成安排的任务：0分		
	技能　正确填制集装箱发放/设备交接单	30	12个以上：30分		
			8~12个：20分		
			8个以下：10分		
	理论　能描述集装箱发放/设备交接单的流转	30	完全正确：30分		
			基本正确：20分		
			完全错误：0分		
实际得分					
考核结果					

此评价表考核结果：自我评价占40%，组长评价占60%。

巩固提高

一、单选题

1.（　　）是进出港区、场站时，用箱人、运箱人与管箱人或其代理人之间交接集装箱和特殊集装箱及其设备的凭证。

A.订舱确认书　　B.集装箱装箱单　　C.集装箱发放/设备交接单　　D.集装箱装货单

2.集装箱发放/设备交接单一式（　　），分出场联和进场联各（　　）联。

A.二；一　　　　　　B.四；二　　　　　C.六；三　　　　　D.八；四

3.托运人订舱取得订舱确认书，向船方申领（　　）。

A.订舱确认书　　　　　B.设备交接单　　C.集装箱装箱单　　D.集装箱装货单

4.在集装箱发放/设备交接单的流转中，由（　　）凭单到码头堆场办理提箱手续。

A.用箱人　　　　　　B.运箱人　　　　　C.托运人　　　　　D.承运人

5.当集装箱出场时，下列哪项不是码头检查口业务员与用箱人应共同审核的内容？（　　）

A.用箱人名称和地址　　B.出场日期　　C.出场目的　　D.所装货物情况

二、判断题

1.当集装箱或机械设备在集装箱码头堆场或货运站借出或回收时，由码头堆场或货运站制作设备交接单，经双方签字后，作为两者之间设备交接的凭证。　　　　　　（　　）

2.在集装箱发放/设备交接单时，运载工具牌号填写运输集装箱的船名。　　　　（　　）

3.集装箱出场时需要检查集装箱出场时的状态,包括清洁程度、外观是否有破损。（   ）

4.托运人填写设备交接单,交托运人或用箱人、运箱人。（   ）

5.集装箱发放/设备交接单一式六联,上面三联用于出场,印有"IN进场"字样。（   ）

三、制单题

2022年5月12日,广兴物流接到一个客户的委托,需要运送一批医疗物资到日本长崎,广兴物流货代部操作员李丽办理好租船订舱后,船公司签发订舱确认凭证,船期为:2022年5月21日,船名航次:DANU BHUM/V.S009,提单号为:TFR00346。5月14日广兴物流安排调度部操作员张帆和司机驾驶车牌号粤A67Y××到中顺船运公司南沙港集装箱堆场提取一个40英尺普通集装箱,号码为:TEXU7865442,铅封号为:202206,集装箱免费使用期限至2022年6月5日。

任务:以广兴物流公司调度部操作员张帆的身份填制集装箱发放/设备交接单。

任务4
填制集装箱装箱单

任务目标

◇逐渐形成学生严谨细致的职业意识与知法懂法的法律意识；
◇了解集装箱装箱单的内涵与作用；
◇掌握集装箱装箱单的流转；
◇会规范填制集装箱装箱单。

任务描述

2020年以来，国外疫情呈现全面爆发态势，展月电商将出口口罩、防护服拓展为自己的主营业务。2022年4月14日，展月电商与韩国KIMBERLY-CLARK CORPORATION约定于2022年5月20日将一批医用外科口罩从黄埔港（HUANGPU）运至釜山港（BUSAN），合同如下：

展月电子商务有限公司

（ZHANYUE E-COMMERCE CO.,LTD.）

No.××,SOUTH TIANHE RD.,GUANGZHOU,CHINA

TEL：1516721××××   S/C NO.: 22DE222EE

FAX：020-2282××××   DATE: APR.14,2022

TO: KIMBERLY-CLARK CORPORATION

××-××,KYUTARO-MACHI4-CHOME CHUO-KU,BUSAN,KOREA

DEAR SIRS,

WE HEREBY CONFIRM HAVING SOLD TO YOU THE FOLLOWING GOODS ON TERMS AND CONDITIONS AS SPECIFIED BELOW:

MARKS AND NO.	DESCRIPTIONS	QUANTITY	N.W.	G.W.	MEASURE-MENT	UNIT PRICE	AMOUNT
N/M	SURGICAL MASK 100PCS PACKED IN 1 CARTON, 2000 CARTONS	200 000 PCS	1 980 KGS	2 000 KGS	15 m³	USD2.00/PC CIF BUSAN	USD400, 000.00

2022年4月15日，展月电商委托广兴物流向中运集装箱运输公司代为租船订舱，接到展月电商的订舱委托后，广兴物流公司的货代部信息员李曼向中运集装箱运输公司租船订舱（船名：QUEEN，航次：V.086），提单号为：HCBB56834590，并向中运集装箱管理部门提出用箱申请。货物于4月22日在展月电商2号仓库进行装箱，装入一个20英尺普通集装箱内（CONTAINER NO.: COSU9637230，集装箱皮重：2 200 KGS），铅封号为：56234。

广兴物流要求货代部的信息员李曼及时填制集装箱装箱单。

任务: 以广兴物流公司货代部信息员李曼的身份填制集装箱装箱单。

任务实施

一、悟素养

某物流公司根据托运人的要求向船公司租船订舱,并向船公司申请租用集装箱,在填写集装箱装箱单时,该物流公司信息员没有核对集装箱内的货物与集装箱装箱单货物明细是否一致,导致装箱单明细中漏了一种装箱货物。集装箱在运输途中遇到风暴,货物全部掉入海中。事后托运人向保险公司索赔,而保险公司只按照集装箱装箱单的货物进行赔偿,给托运人造成巨大损失。

阅读后,与同学、老师分享你的所感所思。

1.发生该事件的主要原因是什么?

_____

_____

2.你认为作为物流公司货代部的信息员要具备什么素质才能避免同类事件的发生?

_____

_____

岗位职责

二、练技能

(一)角色分配

学生分为学习小组,每组4~6人,分别担任信息员和车队人员,共同完成任务,见表4-4-1。

表 4-4-1　任务分工表

岗位	岗位职责	成员姓名
车队人员1		
信息员		
车队人员2		

根据全班同学情况进行分组,由各组自选组长,并报告老师。由组长给本组成员分配任务,并组织成员完成集装箱装箱单的填制。

(二)技能展示

步骤1: 教师下达任务,任务简剖。

教师根据任务描述的信息给学生进行简单的解释。

步骤2: 车队到堆场提空箱。

接到展月电商的订舱委托后,广兴物流公司向中运集装箱管理部门提出用箱申请,车队人员到集装箱堆场提1个20英尺普通集装箱,车队人员将集装箱号、铅封号、集装箱规格填写在集装箱装箱单上, 见表4-4-2集装箱装箱单①。

步骤3: 信息员阅读合同及任务描述中的内容, 填写集装箱装箱单。

2022年4月22日, 车队提取空箱来到展月电商2号仓库, 准备将货物装箱。

1.信息员可依据租船订舱信息和合同内容填写船名、航次、目的港、集装箱规格, 见表4-4-2集装箱装箱单②。

2.信息员根据合同中装箱货物的信息填写提单号、标记、件数及包装、品名、毛重、整箱重、体积、收货人及通知人, 整箱重需要填写出运商品包装总重, 不用填写, 见表4-4-2集装箱装箱单③。

步骤4: 车队人员装箱, 核查单据, 完成集装箱装箱单的填制。

车队人员到达装箱地点进行集装箱装箱作业, 根据合同内容核对集装箱内所装货物的明细, 在集装箱装箱单中填写装箱地点、装箱日期和发货人, 见表4-2-2集装箱装箱单④。

集装箱装箱单答案

集装箱装箱单填单要求

表 4-4-2　集装箱装箱单

装箱单 CONTAINER LOAD PLAN					集装箱号 Container No.	
					铅封号 Seal No.	
船名② Vessel		航次 Voy		目的港 Destination	集装箱规格 Container Type	①
提单号 B/L No.	标记 Shipping Mark	件数及包装 Packing & Numbers	品名 Description	毛重 G.W （KGS）	整箱重 Container G.W （KGS）	体积 Measurement	收货人及 通知人 Consignee & Notify Party
③							
装箱地点 Loading ④Spot		装箱日期 Loading Date		发货人 Shipper			

集装箱装箱单样式

典型的集装箱货物运输流程

三、学理论

（一）集装箱装箱单的内涵

集装箱装箱单（Container Load Plan）, 是指记载每一个集装箱内所装货物名称、数量、尺码、重量、标志和箱内货物积载情况的单证。对于特殊货物还应加注特定要求, 比如对冷藏货物要注明对箱内温度的要求等。

（二）集装箱装箱单的份数及流转

集装箱装箱单每一个集装箱一份，一式五联，其中集装箱码头、船代、承运人各一联，发货人、装箱人两联。

发货人或装箱人将货物装箱，填制装箱单，五联装箱单随同货物一起交付给拖车司机。司机将集装箱送至码头堆场后，把五联装箱单交给集装箱码头，作为集装箱已进港的凭证。

堆场收箱人在五联单上签章后，留下码头联、船代联和承运人联（码头联用以编制装船计划，船代联和承运人联分送给船代和承运人用以缮制积载计划和处理货运事故），并将发货人/装箱人联退还给发货人。

集装箱装箱单的流转，如图4-4-1所示。

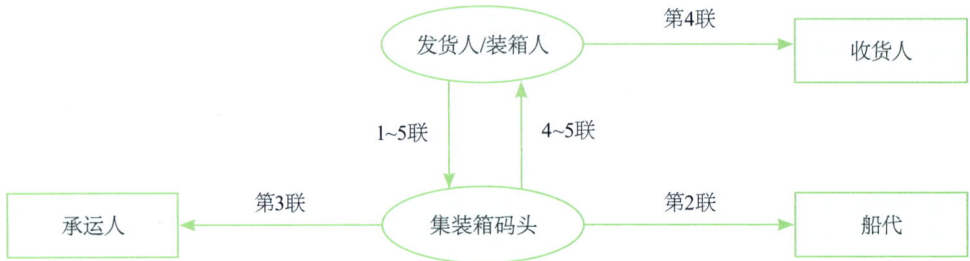

图4-4-1　集装箱装箱单流转图

（三）集装箱装箱单的作用

1.作为发货人、集装箱货运站与集装箱码头堆场之间货物的交接单证。

2.作为向船方通知集装箱内所装货物的明细表。

3.单据上所记载的货物与集装箱的总重量是计算船舶吃水差、稳性的基本数据。

4.在卸货地点是办理集装箱保税运输的单据之一。

5.当发生货损时，是处理索赔事故的原始单据之一。

6.卸货港集装箱货运站安排拆箱、理货的单据之一。

四、促评价

小组名称							
成员名字							
评分标准	素养	考评项目	分值	评分依据		自我评价	组长评价
		能积极思考小事件并回答问题	30	小组成员全部完成所感所思：30分			
				小组成员部分完成所感所思：20分			
				小组成员全部未完成所感所思：0分			
		小组合作	10	完成安排的任务并帮助组员：10分			
				没完成安排的任务：0分			

续表

	考评项目		分值	评分依据	自我评价	组长评价
评分标准	技能	正确填制集装箱装箱单	30	15个以上：30分		
				10~15个：20分		
				10个以下：10分		
	理论	能描述集装箱装箱单的流转	30	完全正确：30分		
				基本正确：20分		
				完全错误：0分		
		实际得分				
		考核结果				

此评价表考核结果：自我评价占40%，组长评价占60%。

🔲 巩固提高

一、单选题

1.（　　）是详细记载每一个集装箱内所装货物名称、数量、尺码、重量、标志和箱内货物积载情况的单证，由负责装箱的人制作。

A.重量单　　　　　B.集装箱装箱单　　　　C.尺码单　　　　D.装货单

2.集装箱装箱单一个集装箱一份，一式（　　）份。

A.三　　　　　　　B.四　　　　　　　　　C.五　　　　　　D.六

3.集装箱装箱单中（　　）用以编制装船计划。

A.码头联　　　　　B.船代联　　　　　　　C.承运人联　　　D.发运人联

4.司机将集装箱送至码头堆场后，把五联装箱单交给（　　），作为集装箱已进港的凭证。

A.承运人　　　　　B.发货人　　　　　　　C.船代　　　　　D.集装箱码头

5.下列哪个不是集装箱装箱单的作用？（　　）

A.在卸货地点是办理集装箱保税运输的单据之一

B.作为向船方通知集装箱内所装货物的明细表

C.便于货物装拆箱

D.卸货港集装箱货运站安排拆箱、理货的单据之一

二、判断题

1.货物净重3 680 KGS，毛重4 000 KGS，则集装箱装箱单中的整箱重填写为4 000 KGS。
（　　）

2.当发生货损时，集装箱装箱单是处理索赔事故的原始单据之一。（　　）

3.使用40英尺高柜的集装箱装货,则集装箱装箱单中的集装箱规格填写为40/GP。

（　　）

4.集装箱装箱单是发货人、集装箱货运站与集装箱码头堆场之间货物的交接单证。（　　）

5.集装箱装箱单中"装箱地点"填写实际的货物装箱地点,如果是在工厂装箱就直接写工厂名称。

（　　）

三、制单题

2022年4月20日,展月电商向波兰出口女士连衣裙,4月22日,展月电商委托广兴物流向中运集装箱公司代为订舱,预定5月8日从广州南沙至波兰格丁尼亚(Poland Gdynia)的LANA V.103舱位。随即通知展月电商在5月6日前将货物运至广州市南沙区海港大道××号仓库。广兴物流公司的货代部信息员陈勇向中运集装箱管理部门提出用箱申请,提一个40英尺高柜,货物于5月7日装箱后,公司要求陈勇及时填制集装箱装箱单。

卖方: ZHANYUE E-COMMERCE CO., LTD.

NO.××, SOUTH TIANHE RD., GUANGZHOU, CHINA

买方: BORAN TRADING COMPANY

×× ORCHARD ROAD, GDYNIA, POLAND

货物描述: WOMEN'S SKIRT 20000PCS USD12.00/PC USD24, 000.00

装箱情况: 100PCS PACKED IN 1 CARTON, 200 CARTONS

G.W.: 19 800 KGS　　　　　N.W.: 19 600 KGS　　　　　MEAS: 50CBM

B/L NO.: DHAB6432789

集装箱: COSU4098765　　　　封号: CN56432　　　　集装箱皮重: 2 200 KGS

任务: 根据以上信息以广兴物流公司货代部信息员陈勇的身份填制集装箱装箱单。

任务5
填制进口货物报关单

任务目标

◇逐渐形成诚实守信的品质与细致认真的意识；
◇了解进口货物报关单的内涵与作用；
◇掌握进口货物报关单的流转；
◇会规范填制进口货物报关单。

任务描述

展月电子商务有限公司（简称：展月电商）是广兴物流的长期合作企业，其主营业务范围是服饰、日用品、小家电等。广兴物流有限公司（简称：广兴物流）主要为展月电商提供揽货、订舱、托运、仓储、包装、报关、报检、报验、保险、国际多式联运等国际货运代理业务。2022 年6月1日，展月电商在收到全套单据后，委托广兴物流办理报关手续。相关信息如下：

商品编号：361820000，贸易方式为一般贸易，经营单位：展月电子商务有限公司，海关注册编号：1213960599，用途：外贸自营内销，征免性质：一般征税，征免：照章征免，成交方式：CIF，运费总价为USD 550.00，保费为USD 460.00，运输方式为水路运输，运输工具名称Marker/0898。货物共2 000件，1 200 kg，装在一个20英尺，2 275 KGS重的集装箱中，集装箱编号为TEXU4524367，装货港：釜山（1337），合同协议号为SC22083，许可证号：18-GZ4685120，随附单据：A：442520104064457。标记唛码为：KOREA NOS.1–20。本次运输的船名航次为Volendam Voy.0846。广兴物流有限公司地址：广州市番禺区桥南路X号，电话：136314456××。代理报关委托书见表4-5-1，委托报关协议见表4-5-2。

表 4-5-1　代理报关委托书

代理报关委托书
我单位现 A（A逐票、B长期）委托贵公司代理 ABCD 等通关事宜。（A.报关查验、B.垫缴税费 C.办理海关证明联、D.审批手册、E.核销手册、F.申办减免税手续、G.其他）详见《委托报关协议》。我单位保证遵守《中华人民共和国海关法》和国家有关法规，保证所提供的情况真实、完整、单货相符。否则，愿承担相关法律责任。本委托书有效期自签字之日起至 2022 年7月1日止。 　　　　　　　　　　　　　　　　　　　　委托方（盖章）：展月电子商务有限公司 　　　　　　　　法定代表人或其授权签署《代理报关委托书》的人（签字）：李莉 　　　　　　　　　　　　　　　　　　　　　　　　　　　2022 年 6 月 1 日

表 4-5-2　委托报关协议

委托报关协议

为明确委托报关具体事项和各自责任，双方经平等协商签订协议如下：

委托方	展月电子商务有限公司	被委托方	广兴物流有限公司	
主要货物名称	电动玩具狗	报关单编码	NO.	
HS编码	8658.6000	收到单证日期	2022年6月1日	
货物总价	180 000美元	收到单证情况	■合同	■发票
进出口日期	2022年6月4日		□装箱清单	■提单
提单号	KR544256		□加工贸易手册	■许可证件
贸易方式	一般贸易		其他	
原产地/货源地	韩国	报关收费	人民币100元	
其他要求				

背面所列通用条款是本协议不可分割的一部分，对本协议的签署构成了对背面通用条款的同意。

背面所列通用条款是本协议不可分割的一部分，对本协议的签署构成了对背面通用条款的同意。

委托方业务签章: 展月电子商务有限公司
经办人签章: 李莉
联系电话: 138425165××
2022年6月1日

被委托方业务签章: 广兴物流有限公司
经办人签章: 李飞
联系电话: 136314456××
2022年6月1日

　　6月4日货物入境后，次日由广兴物流报关员张晓根据"代理报关委托书"和相关信息，前往广州海关（5100）进行申报。

　　任务：以报关员张晓的身份填制"进口货物报关单"。

任务实施

一、悟素养

　　青岛某船务公司报关员小安在从事报关业务中遇到这样一件事情。一家公司从韩国进口了一种人造纤维纱线，报关时，海关要求验货，开箱后发现不是人造纤维纱线，而是一种关税比人造纤维纱线高出很多的氨纶丝。海关认为是小安所在公司与外商串通想逃税。经进一步调查发现是韩国商人有意隐瞒，以逃避巨额关税。

　　阅读案例后，完成案例分析。

1.在这个案例中，小安作为报关员有没有责任？

_____

_____

2.作为一名报关员，你认为应该具备哪些职业素养？

_____

_____

岗位职责

二、练技能

（一）角色分配

学生分为学习小组，每组4~6人，分别担任报关员和海关工作人员，共同完成任务，见表4-5-3。

表 4-5-3　任务分工表

岗位	岗位职责	成员姓名
报关员		
海关工作人员		

根据全班同学情况进行分组，由各组自选组长，并报告老师。由组长给本组成员分配任务，并组织成员完成进口货物报关单的填制。

（二）技能展示

步骤1：教师下达任务，任务简剖。

教师根据任务描述的信息给学生进行简单的解释。

步骤2：填写进口货物报关单前的准备工作。

2022 年6月1日，展月电商收到全套单据后，委托广兴物流办理报关手续。6月5日，报关员张晓根据"代理报关委托书"、商业发票、信用证、装箱单、原产地证书、许可证、入境货物通关单等证件前往广州海关办理报关业务。

进口货物报关单填单要求

步骤3：报关员根据"代理报关委托书"和相关信息填写进口货物报关单。

1.报关员张晓根据"代理报关委托书"和合同、信用证等相关信息内容，填写报关单基础信息：进口口岸、备案号、进口日期、申报日期、经营单位、运输方式、运输工具名称、提运单号、收货单位、贸易方式、征免性质、征税比例。见表4-5-4进口货物报关单①。

进口货物报关单参考答案

2.报关员张晓根据"代理报关委托书"和合同、信用证等相关信息内容，填写报关单许可证号、起运国、装货港、境内目的地、批准文号、成交方式、运费、保费、杂费、合同协议号、件数、包装种类、毛重、净重、集装箱号、随附单据、用途、标记唛码及备注。见表4-5-4进口货物报关单②。

3.报关员张晓根据"代理报关委托书"和合同、信用证等相关信息内容，填写报关单项号、商品编号、商品名称、规格型号、数量及单位、原产国、单价、总

进口货物报关单式样

价、币制、征免,见表4-5-4进口货物报关单③。

4.填写完毕后,张晓在"报关员"一栏签名,并加盖报关专用章,见表4-5-4进口货物报关单④。

步骤4:报关员代理缴纳税费。

广州海关审核单证后,查验货物,并征收税费,填写税费征收情况,见表4-5-4进口货物报关单⑤。

步骤5:海关工作人员盖放行章。

海关工作人员审单批注,并加盖海关验讫章,见表4-5-4进口货物报关单⑥。

进出口货物海关验收的工作

表 4-5-4 进口货物报关单

中华人民共和国海关进口货物报关单			
预录入编号:		海关编号:	
进口口岸	备案号	进口日期	申报日期
经营单位	运输方式	运输工具名称	提运单号
收货单位	贸易方式	征免性质	征税比例 ①
许可证号	起运国(地区)	装货港	境内目的地
批准文号 成交方式	运费	保费	杂费
合同协议号 件数	包装种类	毛重(kg)	净重(kg)
集装箱号	随附单据		用途
标记唛码及备注 ②			
项号 商品编码 商品名称、规格型号 数量及单位 原产国(地区) 单价 总价 币制 征免 ③			
税费征收情况 ⑤			
录入员 录入单位	兹声明以上申报无讹并承担法律责任	海关审单批注及放行日期(盖章)	
		审单	审价
报关员		征税	统计
单位地址: 邮编: 电话:	申报单位(签章) 填制日期 ④	查验	放行 ⑥

三、学理论

（一）进口货物报关单的内涵和重要地位

进口货物报关单是由进口商或其代理人按照海关规定的格式和要求，根据进口货物的实际情况填写，用于向进口地海关进行申报的文件。进口货物报关单只有经过海关签章放行后，进口商才能够提取货物。同时，进口货物报关单还是进口商向国外支付货款时需要使用的重要凭证。

进口货物报关单是重要的法律文书。它在对外经济贸易活动中具有十分重要的法律地位。它既是海关监管、征税、统计以及开展稽查和调查的重要依据，又是加工贸易进出口货物核销，也是海关处理走私、违规案件，以及税务、外汇管理部门查处骗税和套汇犯罪活动的重要证书。

（二）进口货物报关填制注意事项

1.进口货物报关要如实填写，不得虚报、瞒报、拒报和迟报，更不得伪造、篡改。进口货物自运输工具申报进境之日起14日内向海关申报，之后就要按日交滞报金。

2.进口货物报关所需单证有提货单、提单、商业发票、装箱单、合同、报关委托书等基本单据。有的进口货物还需提供进口代理合同、保税备案手册、进口配额许可证、原产地证、免税表、机电证、商检通关单以及信用证付汇凭单等。

3.一般贸易进口的化工品或机械设备等，海关往往要求提供产品用途、工作原理、成分及含量等，为加快通关速度，应提前备好。

4.在向海关申报前，应对货物有一定的了解，对各种单证进行初步审查，对不清楚或不符合规定的地方应及时向委托人了解或指出，重要的单证或内容，不要擅自替委托人修改。

5.对于重大件等需要车船直取的货物，可向海关申请预报关。

（三）进口货物报关单的流转

进口货物报关单的流转，如图4-5-1所示。

图4-5-1　进口货物报关单流转图

四、促评价

小组名称						
成员名字						
		考评项目	分值	评分依据	自我评价	组长评价
评分标准	素养	能积极思考小事件并回答问题	30	小组成员全部完成所感所思：30分		
				小组成员部分完成所感所思：20分		
				小组成员全部未完成所感所思：0分		

续表

	考评项目	分值	评分依据	自我评价	组长评价
评分标准	素养	小组合作	10	完成安排的任务并帮助组员: 10分		
				没完成安排的任务: 0分		
	技能	正确填制进口货物报关单	30	15个以上: 30分		
				10~15个: 20分		
				10个以下: 10分		
	理论	能描述进口货物报关单的流转	30	完全正确: 30分		
				基本正确: 20分		
				完全错误: 0分		
实际得分					
考核结果					

此评价表考核结果: 自我评价占40%, 组长评价占60%。

🔲 巩固提高

一、单选题

1.进口货物报关单是向（　　）海关进行申报的文件。

A.出口地　　　　　　B.进口地　　　　　　C.收货地　　　　　　D.发货地

2.进口货物报关单只有经过（　　）放行后, 进口商才能够提取货物。

A.海关签章　　　　　B.银行审批　　　　　C.出口商　　　　　　D.船公司

3.进口货物报关单是（　　）向国外支付货款时需要使用的重要凭证。

A.出口地　　　　　　B.进口地　　　　　　C.出口商　　　　　　D.进口商

4.进口货物自运输工具申报进境之日起（　　）日内向海关申报, 之后就要按日交滞报金。

A.7　　　　　　　　　B.14　　　　　　　　C.21　　　　　　　　D.28

5.（　　）是由进口商或其代理人按照海关规定的格式和要求, 根据进口货物的实际情况填写, 用于向进口地海关进行申报的文件。

A.进口货物报关单　　B.出口货物报关单　　C.进口货物报检单　　D.出口货物报检单

二、判断题

1.在向海关申报前, 报关员应对货物有一定的了解, 对各种单证进行初步审查。　　　（　　）

2.进口货物报关单是进口商向国外支付货款时需要使用的重要凭证。　　　（　　）

3.进口货物自运输工具申报进境之日起7日内向海关申报。　　　（　　）

4.对于重大件等需要车船直取的货物,不可向海关申请预报关。　　　　　（　　）

5.进口报关单只有经过海关签章放行后,进口商才能够提取货物。　　　　（　　）

三、制单题

2022年6月18日货物进境后,次日由广兴物流有限公司委派张晓向广州海关（5100）申报。具体信息如下:广东长荣进出口公司（3213500546）从新西兰奥克兰（NEW ZEALAND AUCKLAND）进口-冻驴肉（HS: 0205000090）,贸易方式为一般贸易。用途:外贸自营内销,征免性质:一般征税,征免是照章征免。海关法定计量单位: kg,毛重35 000 KGS,单价为3.00美元。运费总价为USD 520.00,保费为USD 800.00,运输工具是MSC/433,货物装在一个20英尺, 2 275 KGS重的集装箱中,集装箱编号为TEXU851266,装货港:奥克兰。合同协议号为SC23080,随附单据: A: 443100154064457。提单号码是: MSC8879,标记唛码为: NY NOC.8-33。广兴物流有限公司地址: 广州市番禺区桥南路××号,电话: 1363144××××。

任务:以报关员张晓的身份填制"进口货物报关单"。

任务6
填制出口货物报关单

任务目标

◇逐渐形成诚实守信的品质与认真负责的工作态度；
◇了解出口货物报关单的内涵与作用；
◇掌握出口货物报关单的流转；
◇会规范填制出口货物报关单。

任务描述

2022年6月1日，展月电子商务有限公司（海关注册编号：1213960599），委托广兴物流作为自己的报关代理，向广州海关（5100）申报出口韩国一批服装。

相关信息如下：

发货单位与经营单位相同。商品名称为女式衬衣，海关商品编号：6205200020，征免：照章征免，结汇方式为电汇，征免性质：一般征税，运输方式：水路运输，指运港：釜山，代码1337，境内货源地：广州，代码5100，贸易方式：一般贸易。成交方式：CIF，运费：USD 2 550.00，保险费：USD 1 188.00。合同协议号为22DE222F，商品包装方式为纸箱，共160箱，毛重：1 600 KGS，净重：1 520 KGS，单价12美元，其中女式衬衣M码为2 000件，女式衬衣L码为5 000件。本次运输的船名航次为Volendam Voy.0933，货物装在一个20英尺，2 275 KGS重的集装箱中，集装箱编号为TEXU4351886。标记唛码为：S.S CHINA C/N 0.1−80，广兴物流有限公司地址：广州市番禺区桥南路××号，电话：136314456××。

任务：以广兴物流报关员张晓的身份填制出口货物报关单。

任务实施

一、悟素养

厦门某果蔬公司是一家从事保鲜果蔬生产加工的出口企业，其委托报关行以一般贸易的方式出口一批保鲜包菜、保鲜西兰花。报关单项下第01项商品"保鲜包菜"申报数量13 660 KGS，第02项商品"保鲜西兰花"申报数量3 000 KGS。经现场查验，报关单项下第01项商品"保鲜包菜"实际数量为5 160 KGS，与申报不符。此外还有保鲜白萝卜未申报，数量为8 500 KGS。

阅读案例后，完成案例分析。

1.本案例中，该公司申报不符是否属于违法行为？

_____

_____

2.作为一名报关员，你认为应该具备哪些知识、能力和素养？

_____

_____

二、练技能

（一）角色分配

学生分为学习小组，每组4~6人，分角色模拟出口货物报关流程，共同完成任务，见表4-6-1。

岗位职责

表 4-6-1　任务分工表

岗位	岗位职责	成员姓名
报关员		
海关工作人员		

根据全班同学情况进行分组，由各组自选组长，并报告老师。由组长给本组成员分配任务，并组织成员完成出口货物报关单的填制。

（二）技能展示

步骤1：教师下达任务，任务简剖。

教师根据任务描述的信息给学生进行简单的解释。

步骤2：填写出口货物报关单前的准备工作。

2022年6月1日，报关员张晓随附展月电商公司报关委托书及委托报关协议、合同、信用证、装箱单、出口收汇核销单、出境货物通关单等全套报关单证前往广州海关办理报关业务。

出口货物报关单填单要求

步骤3：报关员根据"代理报关委托书"和相关信息填写出口货物报关单。

1.报关员张晓根据"代理报关委托书"和合同、信用证等相关信息内容，填写报关单基础信息：出口口岸、备案号、出口日期、申报日期、经营单位、运输方式、运输工具名称、提运单号、发货单位、贸易方式、征免性质、结汇方式，见表4-6-2出口货物报关单①。

出口货物报关单参考答案

2.报关员张晓根据"代理报关委托书"和合同、信用证等相关信息内容，填写报关单许可证号、运抵国、指运港、境内货源地、批准文号、成交方式、运费、保费、杂费、合同协议号、件数、包装种类、毛重、净重、集装箱号、随附单据、生产厂家、标记唛码及备注，见表4-6-2出口货物报关单②。

3.报关员张晓根据"代理报关委托书"和合同、信用证等相关信息内容，填写报关单项号、商品编号、商品名称、规格型号、数量及单位、最终目的国、单价、总价、币制、征免，见表4-6-2出口货物报关单③。

出口货物报关单样式

4.报关员张晓仔细检查报关单，填写单位地址、邮编、电话、填制日期，并在报关员一栏签名，加盖申报单位的报关专用章，见表4-6-2出口货物报关单④。

步骤4：海关处理报关事宜。

广州海关依据上述报关单查验通过并征收税费，填写税费征收情况，海关工作人员审单批注，并加盖海关验讫章，见表4-6-2出口货物报关单⑤、⑥。

出口货物报关流程

表 4-6-2　出口货物报关单

中华人民共和国海关出口货物报关单				
预录入编号：				海关编号：
出口口岸		备案号	出口日期	申报日期
经营单位		运输方式	运输工具名称	提运单号
收货单位		贸易方式	征免性质	结汇方式 ①
许可证号		运抵国（地区）	指运港	境内货源地
批准文号	成交方式	运费	保费	杂费
合同协议号	件数	包装种类	毛重（kg）	净重（kg）
集装箱号	随附单据		生产厂家	
标记唛码及备注				②
项号　商品编码　商品名称、规格型号　数量及单位　最终目的国（地区）　单价　总价　币制　征免				
				③
税费征收情况				⑤
录入员　录入单位	兹声明以上申报无讹并承担法律责任		海关审单批注及放行日期（盖章）	
			审单	审价
报关员			征税	统计
	申报单位（签章）		查验	放行
单位地址：				
邮编：　　　　电话：　　　　填制日期　④				⑥

三、学理论

（一）出口货物报关单的内涵

出口货物报关单是由海关总署规定统一格式和填制规范，并向海关提交的申报货物状况的法律文书。出口货物报关单是指出口企业于产品出口时，按照出口许可证和出口发票的内容向海关填报的单据。经海关查验确认后具有一定的法律效力，是出口产品报关离境的重要证据，也是申请办理出口产品退税的重要凭证。

（二）出口货物报关单填制注意事项

1.报关单的填制必须真实，要做到两个相符：一是单证相符，即报关单与合同、批文、发票、装箱单等相符；二是单货相符，即报关单中所报内容与实际进出口货物情况相符。

2.不同合同的货物，不能填在同一份报关单上；同一批货物中有不同贸易方式的货物，也须以不同的报关单向海关申报。

3.一张报关单上如有多种不同商品，应分别填报清楚，但一张报关单上最多不能超过五项海关统计商品编号的货物。

4.报关单项目填写要准确、齐全、清楚，填报项目若有更改，应在更改的项目处加盖核对章。

5.计算机预录入的报关单，其内容必须与原始报关单上的内容完全一致。

6.向海关递交的报关单，事后发现差错，须立即填写报关单更正单，办理更正手续。

7.对于海关放行后的出口货物，由于运输工具配载等原因，全部或部分未能装载上原申报的运输工具的，出口货物发货人应向海关递交"出口货物报关更改申请"。

8.出口货物的报关时限为装货的24小时以前，不需要征税费、查验的货物，自接受申报起1日内办结通关手续。

（三）出口货物报关单的流转

出口货物报关单的流转，如图4-6-1所示。

图4-6-1　出口货物报关单流转图

四、促评价

小组名称						
成员名字						
评分标准	考评项目		分值	评分依据	自我评价	组长评价
	素养	能积极思考小事件并回答问题	30	小组成员全部完成所感所思：30分		
				小组成员部分完成所感所思：20分		
				小组成员全部未完成所感所思：0分		

续表

	考评项目	分值	评分依据	自我评价	组长评价
评分标准	素养 小组合作	10	完成安排的任务并帮助组员: 10分		
			没完成安排的任务: 0分		
	技能 正确填制出口货物报关单	30	25个以上: 30分		
			15~25个: 20分		
			15个以下: 10分		
	理论 能描述出口货物报关单的流转	30	完全正确: 30分		
			基本正确: 20分		
			完全错误: 0分		
实际得分					
考核结果					

此评价表考核结果: 自我评价占40%, 组长评价占60%。

□ 巩固提高

一、单选题

1.出口货物报关单是由（　　　）规定统一格式和填制规范,并向海关提交的申报货物状况的法律文书。

A.海关总署　　　　　B.出入境　　　　　C.公安机关　　　　　D.生产企业

2.对于海关放行后的出口货物,由于运输工具配载等原因,全部或部分未能装载上原申报的运输工具的,出口货物发货人应向海关递交（　　　）。

A."出口货物通关单"　B."报关申请表"　C."出口货物报关更改申请"　D."运输合同"

3.报关单经海关查验确认后具有一定的法律效力,是出口产品报关离境的重要证据,也是申请办理（　　　）的重要凭证。

A.工商注册登记　　　B.出口产品退税　　C.税务登记　　　　　D.进口报关登记

4.（　　　）是指出口企业于产品出口时,按照出口许可证和出口发票的内容向海关填报的单据。

A.出口货物报关单　　B.出口货物报检单　C.进口货物报关单　　　D.进口货物报检单

5.不需要征税费、查验的货物,自接受申报起（　　　）日内办结通关手续。

A.4　　　　　　　　　B.3　　　　　　　　C.2　　　　　　　　D.1

二、判断题

1.报关单的填制必须真实,要做到两个相符: 单证相符和单货相符。　　　　　　（　　　）

2.出口货物的报关时限为装货的48小时以前,不需要征税费、查验的货物,自接受申报起1日内办结通关手续。　　　　　　（　　　）

3.海关监管是对外贸易管制的重要手段。 （ ）

4.一张报关单上如有多种不同商品，应分别填报清楚，但一张报关单上最多不能超过三项海关统计商品编号的货物。 （ ）

5.向海关递交的报关单，事后发现差错也不能更改。 （ ）

三、制单题

2022年6月22日，广兴物流报关员张晓填制出口货物报关单，前往广州海关申报。相关资料如下：

广州宏昌贸易有限公司（海关注册编号：3418912400），委托广兴物流作为自己的报关代理，向广州海关（5100）申报出口日本的一批男装针织毛衣，发货单位与经营单位相同。商品名称为男装针织毛衣（M码），一共2 500件，单价为25美元，运输方式：水路运输。海关商品编号：6203520020，征免：照章征免，结汇方式为票汇，征免性质：一般征税，指运港：东京，代码1162，境内货源地：广州，代码5100，贸易方式：一般贸易。成交方式：CIF，运费：USD6 000.00，保险费：0.6%。合同协议号为32CG182E，商品包装方式为纸箱，共250箱，毛重：650 KGS，净重：580 KGS，本次运输的船名航次为Red Star.Voy.302，货物装在一个40英尺，3 275 KGS重的集装箱中，集装箱编号为COSU2345678。广兴物流有限公司：广州市番禺区桥南路××号，电话：1363144××××。

任务：根据以上信息以广兴物流公司报关员张晓的身份，填制出口货物报关单。

任务7
填制海运提单

任务目标

◇逐渐形成细致严谨与责任担当的意识;
◇了解海运提单的内涵与作用;
◇掌握海运提单的流转;
◇会规范填制海运提单。

任务描述

2022年4月28日,展月电商与长胜贸易有限公司签订销售合同。2022年4月29日,展月电商委托广兴物流负责办理出口运输业务。广兴物流向中顺船运公司进行租船订舱业务,确定了船名/航次为ZHSH01/202201。

展月电商的业务员陈欢负责与广兴物流货代部操作员王莹对接此次出口运输业务。货物于2022年5月20日在广州南沙新港装船离港,中顺船运公司的操作员李娜负责签发海运提单给展月电商,提单号为ZSTD001。

合同信息:

1.合同编号:20220428

2.货物信息:医用外科口罩(SURGICAL MASK)

3.包装信息:4 000纸箱;100件/箱

4.重量信息:净重,3.98 t;毛重,4 t

5.体积信息:30 m³

6.价格信息:100.00美元/箱

7.标记唛头:N/M

8.要求到货时间:2022年6月16日

LETTER OF CREDIT

27: SEQUENCE OF TOTAL: 1/1

40A: FORM OF DOCUMENTARY CREDIT: IRREVOCABLE

20: DOCUMENTARY CREDIT NUMBER: XYZ123456688

31C: DATE OF ISSUE: 220430

40E: APPLICABLE RULES: UCP LATEST VERSION

31D: DATE AND PLACE OF EXPIRY: 220628 CHINA

50: APPLICANT: CHANGSHENG TRADING CO.,LTD.

　　　　　　NO.××,BRIDGE ST.,LONGBEACH,USA

59: BENEFICIARY: ZHANYUE E-COMMERCE CO.,LTD.

　　　　　　NO.××,SOUTH TIANHE RD.,GUANGZHOU,CHINA

32B: CURRENCY CODE,AMOUNT: USD400,000.00

41A: AVAILABLE WITH…BY…: CONSTRUCTION BANK OF CHINA

42C: DRAFTS AT…: 15 DAYS AFTER SIGHT

42A: DRAWEE: BANK OF USA

43P: PARTIAL SHIPMENTS: NOT ALLOWED

43T: TRANSHIPMENT: NOT ALLOWED

44E: PORT OF LOADING/AIRPORT OF DEPARTURE: NANSHA NEW PORT

44F: PORT OF DISCHARGE/AIRPORT OF DESTINATION: LONGBEACH By SEA

44C: LATEST DATE OF SHIPMENT: 220520

45A: DESCRIPTION OF GOODS AND/OR SERVICES: 4000 CARTONS SURGICAL MASK CIF LONGBEACH

46A: DOCUMENTS REQUIRED

+ SIGNED COMMERCIAL INVOICES IN TRIPLICATE INDICATING UC NO. AND CONTRACT NO.

+ FULL SET（3/3）OF CLEAN ON BOARD OCEAN BILL OF LADING MADE OUT TO APPLICANT AND BLANK ENDORSED MARKED "FREIGHT PREPAID" NOTIFYING THE APPLICANT.

任务：以船公司操作员李娜的身份填制"海运提单"。

任务实施

一、悟素养

某船公司的操作员在货物装运上船后签发了提单副本给物流企业核对信息，该物流企业货代部操作员认为自己提交信息给船公司的时候已经核对，而且合作以来也没出现过状况，因此这次就不核对提单信息了，导致提单中通知人填错没有发现，船到目的港后联系不到通知人，造成了损失。

阅读后，与同学、老师分享你的所感所思。

1.发生该事件的主要原因是什么？

_____

_____

2.你认为作为一名物流企业操作员要具备什么素质才能避免同类事件的发生？

_____

_____

二、练技能

（一）角色分配

学生分为学习小组，每组4~6人，分别担任电商企业业务员、物流公司货代部操作员与船公司操作员，共同完成任务，见表4-7-1。

岗位职责

表 4-7-1　任务分工表

岗位	岗位职责	成员姓名
业务员（电商企业）		
货代部操作员（物流企业）		
操作员（船公司）		

根据全班同学情况进行分组，由各组自选组长，并报告老师。由组长给本组成员分配任务，并组织成员完成海运提单的填制。

（二）技能展示

步骤1：教师下达任务，任务简剖。

教师根据任务描述的信息给学生进行简单的解释。

步骤2：展月电商业务员提供货物相关信息。

展月电商业务员根据和长胜贸易有限公司签订的合同内容，给广兴物流公司的货代部操作员发送出口货物信息、要求到货日期等信息以及合同、信用证等相关资料。

步骤3：广兴物流公司货代部操作员安排船运。

广兴物流货代部操作员根据展月电商的要求租船订舱后，并安排货物于2022年5月20日货物装船离港。

步骤4：中顺船运公司操作员完成海运提单的缮制。

2022年5月20日，货物装船发运后，中顺船公司操作员根据广兴物流提供的资料缮制海运提单。

1.根据信用证中的 APPLICANT、BENEFICIARY，以及船舶到了目的港后发送到货通知的企业，填写Shipper、Consignee、Notify Party三个栏目的内容，见表4-7-2海运提单①。

2.根据信用证中的TRANSHIPMENT、PORT OF LOADING、PORT OF DISCHARGE内容与船名/航次信息，填写Pre carriage by、Place of Receipt、Ocean Vessel Voy.No.、Port of Loading、Port of Discharge、Place of Delivery的内容，见表4-7-2海运提单②。

3.根据合同信息中的标记唛头、包装、货品描述、重量、体积信息，填写Marks and Nos/Container Seal No.、No. of Containers or Packages、Description of Goods、Gross Weight、Measurement、Total Number of containers and/or package的内容，见表4-7-2海运提单③。

4.根据任务描述的背景信息中的货物离港时间、提单号，信用证中的价格条款为CIF、DOCUMENTS REQUIRED信息，填写Freight and charges、Place and date of issue、No. of Originals B（s）/L、Data、B/L NO.，见表4-7-2海运提单④。

步骤5：广兴物流货代部操作员核对海运提单。

广兴物流货代部操作员收到中顺船公司发送的海运提单副本，与托运人一起进行海运提单核对，如发现有误和船公司反馈，船公司进行修改，最后三方确认无误后按信用证要求开出正本提单。

海运提单答案

海运提单填单要求

海运提单样式

海运提单的类型

表 4-7-2　海运提单

Shipper				④ BILL OF LADING B/L NO.:		
Consignee						
Notify Party　①				MCS		
Pre Carriage by		Place of Receipt				
Ocean Vessel Voy.No		Port of Loading				
Port of Discharge		Place of Delivery　②		ORIGINAL		
Marks and Nos Container/ Seal No.	No.of Containers or Packages	Description of Goods（IF Dangerous Goods, See Clause 20）		Gross Weight Kgs	Measurement m³	
Description of Contents for Shipper's Use Only （Not Part of This B/L Contract）						
Total Number of containers and/or Package（in words）：　③						
Freight and charges　④	Revenue Tons	Rates		Per	Prepaid	Collect
Ex.Rate	Prepaid at	Payable at		Place and date of issue　④		
	Total Prepaid	No. of Original B（s）L ④		Signed By		
Laden on Board the Vessel						

三、学理论

（一）海运提单的内涵

《中华人民共和国海商法》第71条规定："提单，是指用以证明海上货物运输合同和货物已经由承运人接收或者装船，以及承运人保证据以交付货物的单证。提单中载明的向记名人交付货物，或者按照指示人的指示交付货物，或者向提单持有人交付货物的条款，构成承运人据以交付货物的保证。"

（二）海运提单的作用

1.承运人签发给托运人的货物收据。用以确认承运人已收到提单所列货物并已装运，或者承运人已接管货物并代表承运人装运。

2.托运人与承运人之间运输合同的证明。即承运人与托运人之间运输货物的权利和义务的运输合同文件。

3.货物所有权证书。持有提单的人有权要求承运人交付货物，并拥有和处置货物的权利。

（三）海运提单的流转

海运提单的流转，如图4-7-1所示。

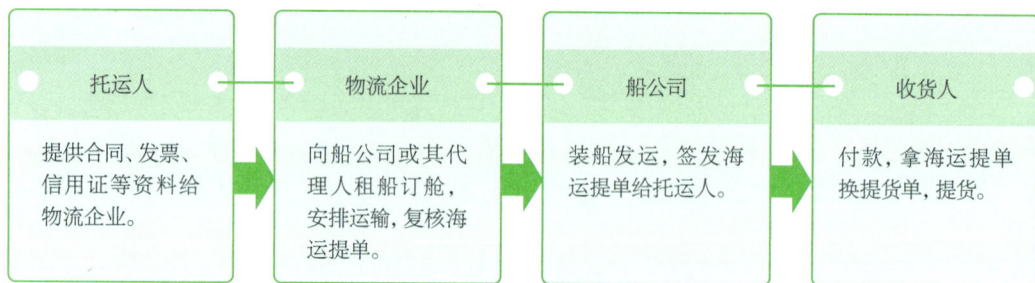

托运人	物流企业	船公司	收货人
提供合同、发票、信用证等资料给物流企业。	向船公司或其代理人租船订舱，安排运输，复核海运提单。	装船发运，签发海运提单给托运人。	付款，拿海运提单换提货单，提货。

图4-7-1　海运提单流转图

（四）海运提单填制注意事项

1.填写Port of Discharge（卸货港）时，填写的是货物实际卸下的港口名称。如属于转船，第一程提单上的卸货港填写转船港，收货人填写第二程的船公司；第二程提单装货港填写上述转船港，卸货港可填写最后目的港。

2.填写Gross Weight Kgs（毛重）时，填写的是货物总毛重，不是总净重。

3.填写Freight and charges（运费支付）时，根据信用证项下提单的运费支付情况，按其规定填写。一般根据成交的价格条件分为两种：若在 CIF 和 CFR 条件下，则注明 "Freight Prepaid" 或 "Freight Paid"；若在FOB 条件下则填 "Freight Collect" 或 "Freight Payable at Destination"。若租船契约提单有时要求填写："Freight Payable as Per Charter Party"。有时信用证还要求注明运费的金额，按实际运费支付额填写即可。

四、促评价

小组名称						
成员名字						
评分标准		考评项目	分值	评分依据	自我评价	组长评价
	素养	能积极思考小事件并回答问题	30	小组成员全部完成所感所思: 30分		
				小组成员部分完成所感所思: 20分		
				小组成员全部未完成所感所思: 0分		
		小组合作	10	完成安排的任务并帮助组员: 10分		
				没完成安排的任务: 0分		
	技能	正确填制海运提单	30	15个以上: 30分		
				10~15个: 20分		
				10个以下: 10分		
	理论	能描述海运提库单的流转	30	完全正确: 30分		
				基本正确: 20分		
				完全错误: 0分		
实际得分						
考核结果						

此评价表考核结果: 自我评价占40%, 组长评价占60%。

☐ 巩固提高

一、单选题

1.程飞商贸有限公司委托大大物流公司把一批防护服从广州黄埔港运到德国汉堡港, 在提单中Port of Discharge应填写为( )。

A.Hamburg, Germany　　　B.Guangzhou, china　　　C.Huangpu, china　　　D.Germany

2.如果信用证中交易条款为FOB Shanghai, 那么海运提单中Freight and charges栏中应填写为( )。

A.Freight collect　　　　B.Freight prepaid　　　　C.Freight pay　　　　D.Freight

3.以下不属于海运提单作用的是（　　）。

A.承运人签发给托运人的货物收据　　　　B.托运人与承运人之间运输合同的证明

C.货物所有权证书　　　　　　　　　　　D.支付结算的依据

4.（　　）是指用以证明海上货物运输合同和货物已经由承运人接收或者装船，以及承运人保证据以交付货物的单证。

A.合同　　　　　　B.发票　　　　　　C.提单　　　　　　D.信用证

5.货物装船发运，由（　　）签发海运提单给托运人。

A.托运人　　　　B.船公司　　　　C.物流企业　　　　D.收货人

二、判断题

1.信用证中TRANSHIPMENT为 NOT ALLOWED，表示允许转船运输。　　　　　（　　）

2.某公司运输一批一次性医用防护手套从湛江港出开出经新加坡港最后运到日本神户港，海运提单中Port of discharge应填写为Kobe, JAPAN。　　　　　　　　　　　（　　）

3.飞腾电商出口货物时，货物的总毛重是15 t，总净重是14.95 t，那么在填制提单Gross Weight KGS栏目的时候，应填写为：15 000 KGS。　　　　　　　　　　　　（　　）

4.持有提单的人有权要求承运人交付货物，并拥有和处置货物的权利。　　　　（　　）

5.提单是收货人签发给托运人的货物收据。　　　　　　　　　　　　　　　（　　）

三、制单题

由于疫情，口罩需求量激增，长胜贸易有限公司与展月电商磋商后，将合同签订的医用外科口罩的订货量提升到5 000纸箱，要求于6月23日前到货，双方修订了合同与信用证内容后，展月电商委托广兴物流负责办理出口运输业务。广兴物流重新向中顺船运公司进行租船订舱业务，确定了船名/航次为ZHSH06/202206。

展月电商的业务员陈欢负责与广兴物流货代部操作员王莹对接此次出口运输业务。货物于2022年5月25日在广州南沙新港装船离港，中顺船运公司的操作员李娜负责签发海运提单给展月电商，提单号为ZSTD006。

修改的信息如下：

1.合同编号：20220428

2.货物信息：医用外科口罩（SURGICAL MASK）

3.包装信息：5 000纸箱；100件/箱

4.重量信息：净重，4.98 t；毛重，5 t

5.体积信息：35 m³

6.价格信息：100.00美元/箱

7.标记唛头：N/M

任务：以中顺船运公司的操作员李娜的身份填制"海运提单"。